JN001732

プロ野球から学ぶ リーダーの 生存戦略

中溝康隆
Nakamizo Yasutaka

CROSSMEDIA PUBLISHSHING

はじめに

仕事で心折れそうな時、いつもプロ野球に助けられてきた。

25歳の春、小さなデザイン事務所に遅い就職をした際には、毎日終電のお先真っ暗でブラックな日々を「落合博満もプロ入りは25歳で二軍から這い上がったからな」となんとか半年耐えて、転職した。

社会人1年目は、年俸240万円のアシスタント契約。プロ野球選手でいえば、二軍で泥にまみれる育成選手みたいなものである。

東京の浅草橋に借りていたワンルームマンションの家賃は、月額7万8000円。いや、薄給に対して高すぎだろ……と冷静に考える余裕も時間も金もなく、それを指摘してくれる彼女もいない。何にも持ってないけど、真夜中にひとり、なか卯の牛丼を食べている瞬間がなによりも幸せだった。

その後、数社を渡り歩き（中には採用期間中に環境に馴染めず辞めた会社もある）、29歳で中小化粧品メーカーのデザイン部に流れ着いた。転職を繰り返してわかったのが、環境が変われば評価も変わり、組織によって求められる役割もまったく違うという事実だ。

上司からほとんど見放されていたのが、転職した途端にいきなり能力以上に大きな期待を懸けられたこともあれば、チームのリーダー役を託されるも、まったく同僚をまとめられず評価が急落して他部署に飛ばされたこともある。

当時は「環境さえ変われば俺だって」とその都度リセットボタンを押すような心境だった。いわば現実逃避の転職遊戯だったから、いずれゲームオーバーになるのは薄々覚悟していた。

35歳の夏、フリーランスのスポーツライターになるために6年間在籍した化粧品会社を退職したが、正直に書けば会社の業績が落ちて制作部縮小のため、ほとんどリストラのような形で辞めざるをえなかった。転職面接時のいくつかの口約束もあっさり反故にされたが、それでも上司に不満はほとんど言わなかった記憶がある。「まぁ、こんなもんだろうな」と。もし、俺が監督だとして、今の自分を勝負どころで使いたいと思うだろうか。若手にチャンスを与えて育てた方が組織の将来にはプラスになるはずだ……。

野球ファンとして、戦力外通告を受けてユニフォームを脱ぐ選手を何度も見てきた。それもあってか何者でもない30代中盤の自分の立場をある程度は客観視できた。愚痴を言っても、第二の人生のリスタートが暗くなるだけだ。

そして物書きになって4年目。大手出版社が主催する、プロ野球12球団の専属ライターがHIT数（いいね数みたいなもの）で争う野球コラム企画で、独走優勝を飾り初代日本一になった。

リストラデザイナーが、コラム日本一のライターに。30代後半から仕事が一気に増え、その後、十数冊の本を出版した。

でも、いまだに仕事で壁にぶつかった時に参考にするのは、プロ野球である。
「なんであの選手はコーチ陣から高く評価されているのか？」「どうしてあの投手は長く第一線で活躍できるのか？」「あの監督はどうやって若い選手をマネジメントしてチームを勝たせたのか？」といった一流選手のサバイバル術や名監督のリーダー論は、物書きだけでなく、すべての社会人のキャリアに大きなヒントを与えてくれるだろう。

変化の時代を生き延びる、生存戦略――。
平穏な日常の中で、心のどこかに「このまま終わってたまるかよ」と危機感と反骨心を秘めている、すべての働く人たちへ。

この本は、そんなあなたに向けて書いた一冊である。

CONTENTS

第2章
移籍で新たなチャンスを掴め！ 転職先での処世術

CONTENTS

第3章 人生逆転術

逆境を切り裂き立ち向かえ！

プロ野球から学ぶ
リーダーの
生存戦略

第1章

常勝軍団をつくりあげろ!

リーダーのマネジメント術

“ゆとり”や“さとり”世代と言われる部下を抱えるリーダーにとって
メンバーのマネジメントや育成に課題を感じ悩みを抱えることは
多いだろう。プロ野球の監督も現有戦力から鑑みて、チームをうまく
機能させている。個人の個性をどう活かして伸ばしていくか。
監督の数だけ、マネジメントの方法もある。本章では、そのような監督から、
リーダーとして生き抜くためのポイントを解説していく。

FILE #01

髙津臣吾

「令和の名将」はいかに新時代の風通しのいい組織をつくったのか？

PROFILE

たかつ・しんご●1968年11月25日、広島県広島市生まれ。2020年より東京ヤクルトスワローズ監督を務め、2021年には日本一に。現役時代はクローザーとして、90年代ヤクルトスワローズ黄金期を支える。サイドスローから繰り出される決め球であるシンカーを軸に4度の最優秀救援投手に輝く。日本のみならずメジャーでも抑え投手として、日米通算313セーブを記録。韓国や台湾でのプロリーグでも活躍した経験を持つ。

セ・リーグV2監督が歩んだナンバー2人生

アマチュア時代の高津臣吾は、常に〝2番手〟の野球人生を歩んできた。

広島県立工業では、同級生に県下でも有名な本格派エースがいたため、高津は遠く離れてぶっちぎりの2番手ピッチャーだったという。そこで十代の高津は考えた。すべてにおいて平凡な自分がどうしたらチームの戦力になれるだろうかと。そして出した答えが「アンダースロー転向」である。生き残るにはこれしかない。**夢や希望だけじゃ生きていけない。現実だけがそこにあった。**

名門の亜細亜大学へ進学するが、同期ではのちにドラフト会議で史上最多タイの8球団から指名されたサウスポーの小池秀郎が活躍。マジでツイてない。いつも行く先にはとんでもない怪物投手がいる。

例えるなら、転職先ではいつも2番手。合コンでは主役の引き立て役。気になるあの娘の本命の保険扱い。ちきしょう泣けてくる……もし自分なら環境のせいにして腐ってしまうかもしれない。

だが、高津は折れなかった。絶対的エースの背中を見て、**自分に何が足りていないのか見極める。現実と向き合うことから逃げがちな無力な若者には酷な作業だ。**これには、ある種のハートの強さが求められる。

大学2年時にアンダースローからサイドスローへと転向した高津は、ついに飛躍の時を迎えようとしていた。東都大学リーグで春秋連覇も飾り、90年ドラフトではヤクルトから3位指名を受ける。

そこで出会ったのが野村克也監督だ。

当初は先発でも起用されるが、3年目の93年からクローザーとして定着。ノムさんは決して面と向かって「お前が抑えだ」とは言わなかったが、高津の著書の中で、大舞台に滅法強い守護神をこう称賛している。

「なぜ、高津がプレッシャーのかかる試合で強いかと言うと、簡単に言えば負けん気と自信なんでしょうね。自信というのは、見通しのことですから。相手のバッターをこうすれば抑えられるという見通しを立てて取り組んでいるでしょう、データを参考にしてね」

（『ナンバー2の男』 ぴあ）

やがて、ナンバー2の男は決め球のシンカーを磨き、球界屈指のクローザーへと駆け上がり、世界の舞台へ。NPBで286セーブ、MLBで27セーブの日米通算313セーブを記録。日本、アメリカ、韓国、台湾、そして43歳にして独立リーグの新潟アルビレックスBCで選手兼任監督を経験する。表舞台を歩み続けたスーパースターとはまた違う、酸いも甘いも経験した野球人生。

高津臣吾はまっさらなエリートではなく、**ひとつずつ着実に課題をクリアしてきた苦労人、いや常識人でもある。**真っ当と言ってもいい。

古い慣習に縛られない新時代の名将

21～22年とヤクルトをリーグV2に導いた高津監督のチームづくりも、ぶっ飛んだ天才型思考ではなく、恐ろしく真っ当だ。

試合中に気になったことをメモしておき、終了直後のコーチ会議でコーチたちに質問をする。上下関係を気にさせない狙いで、監督自ら意見を求めるようになってから、議論も活性化。風通しの良い組織の空気をつくれたという。

新しいチャレンジも臆せず取り入れた。遠征が多いプロ野球選手にとって長距離移動は意外と疲労が溜まるので、思い切って移動当日の試合前は極力練習をしないようにしたり、夏場には練習時間を減らした。中年男には痛いほどわかる、新幹線で出張してビジネスホテルの渇いた空気でなぜか異様に疲れちゃうあの感じ。

高津監督は球界の古い慣習をいったん見直し、選手のコンディションを整えることを優先させたのだ。

選手に対しては積極的に褒める方ではないが、時に気遣いも忘れない。

球団公式YouTubeではスワローズから東京五輪に出て、それぞれメダルを獲った3選手（日本代表の山田哲人と村上宗隆、米代表のマクガフ）を労い、監督自ら買いに行ったお祝いのシャンパンを手渡す映像が配信された。

ミーティングでナインに伝えた「絶対大丈夫」はグッズも爆売れ。現役時代に感銘を受けたノムさんの言葉「人事を尽くして天命を待つ」からヒントを得たパワーワードである。

クライマックスシリーズの表彰式で選手と一緒になって盛り上がり、MVPを逃した塩見泰隆らとずっこける指揮官の姿。

コロナ禍で飲み代をワリカンする機会は減ったけど、**喜びや悲しみの感情はしっかりワリカンする高津式マネジメント術だ。**

令和初の三冠王・村上宗隆をどう育てたか？

そんな明るく、楽しく、激しい高津ヤクルトのストロングスタイルを担うのは、村上宗隆だ。22年シーズンに22歳で56本塁打をかっ飛ばし、令和初にして史上最年少の三冠王に輝いた若き主砲の高津育成法も真っ当である。

高津が二軍監督に就任した18年、村上もドラフト1位で入団。打撃練習を見ただけで「コイツはモノが違う」とわかる18歳の逸材に対して、当初からファームで4番を打たせ続けた。球団をあげての〝強化指定選手〟というわけである。焦って一軍で中途半端に下位打線を打たせるより、まずはじっくり二軍の4番として帝王学を学ばせる。

調整でベテランの青木宣親が二軍へ来ると、金の卵は18歳上の元メジャーリーガーと触れ合い刺激を受けた。年間60本塁打のプロ野球記録を持つ助っ人のバレンテインは将来的に自分を超える才能と認め食事に誘い、ヘッドコーチの宮本慎也はプロの心構えから髪型にいたるまで「なぜ僕にだけ言うんですか……」と本人から泣きが入るほど厳しく指導した。いわば、みんなで育てる村上育成プランだ。

ちなみにヤクルト二軍の合宿所は埼玉県の戸田にあり、若手選手たちは練習休みの日に戸田の河川敷で缶蹴りをして遊んだという。愛と青春の缶蹴り。まるで終わらない部活動のような環境で、村上は順調に成長する。

そこにいるだけでチームに好影響を与えるような選手になってほしいと大きな期待をかけられ、背番号55もそれに応えようと妥協なくバットを振った。

2年目に早くも36本塁打、高津が一軍監督に就任した3年目には全試合4番としてフル出場。4年目の21年は初のホームランキング獲得で前年最下位から日本一の原動力に。そして、5年目には世界新の5打席連発弾に56号で最年少三冠王に輝き、〝村神様〟にはオープンハウスグループから〝3億円の家〟が贈られた。

22年夏、チーム内の新型コロナウイルス集団感染で選手が大量離脱した際は、「こういう時だからこそ一致団結してやることで強くなる。その中心に僕がいることは自覚している」と堂々たる宣言をぶちかました若きチームリーダー村上。

ついでに、サイン盗みが疑われた相手ベンチの首脳陣が逆ギレすると、「動いたらあかんすよ！」なんて一歩も引くことなく応戦する肝っ玉のデカさも併せ持つ。グラウンドに立ったら年功序列なんて関係ない。すでにプレー以外の面でも大黒柱の風格だ。

高津は自著の中で村上についてこう書いた。

「他の球団の二軍監督が、『どうやって村上を育てたんだろう？』と調べてもらえるようにならないといけないと思う」

（『二軍監督の仕事　育てるためなら負けてもいい』　光文社）

まさに、今後しばらくNPBのあらゆる球団が、和製大砲を育てる際に村上の起用法や成長曲線を参考にすることだろう。

伝統の王道路線と新しさが共存する高津式リーダー論。メジャーのシカゴ・ホワイトソックス時代、陽気なオジー・ギーエン監督との出会いも大きかったという。ある重要な試合で打たれて、クラブハウスで落ち込んでいると、ギーエンは「どうしたシンゴ、何を落ち込んでいるんだ。まあ、飲め」とビールを差し出してくれた。遠回しな表現で選手の反応を見る野村監督とはまた違う、部下との距離を一気に縮める人心掌握術。

ちなみに、68年生まれの高津はあのメジャー挑戦の先駆者・野茂英雄と同い年。つまり、本格的に日本球界とメジャーリーグを経験した最初の世代でもある。両方を体験した上で、フラットに見て情報の取捨選択ができる。

もちろん日本野球を舐めて来日する助っ人選手にも、ボスにメジャーでの実績があると聞けば一目置く効果もあるだろう。ノムさんとギーエン。目指すは、日米球界のいいところ取りのハイブリッド・マネジャーだ。

しかし、勝負事はすべてが理想通りというわけにはいかない。

オリックスと2年連続で相見えた22年日本シリーズでは、自分の現役時代と同じく抑えを務めるマクガフにこだわり、勝負どころで起用し続けるもことごとく失点。一部では温情采配と批判もあった。シリーズ敗退後、グラウンド上で人目もはばからず悔し涙を流す指揮官の姿。**選手を恐れさせる〝威厳〟より、ともに戦うことを選んだ〝共感〟の監督**はいまだ進化の途中だ。

さらば、昭和の頑固オヤジ監督。

高津臣吾は、2年連続のセ・リーグ優勝監督であると同時に、令和の新しい理想の上司なのである。

生存POINT

上司には、時に部下と同じ目線で「感情をワリカン」することも大事。

FILE #02

吉井理人

「自分で考えさせる」マネジメント術
名コーチからロッテ新監督へ

PROFILE

よしい・まさと●1965年4月20日、和歌山県有田郡吉備町（現：有田川町）生まれ。2023年より千葉ロッテマリーンズ監督を務める。現役時代はNPBでは近鉄バファローズ、ヤクルトスワローズを経てメジャーリーグへ。メッツ、ロッキーズ、エクスポズ（現：ナショナルズ）の3球団を渡り歩き、再びNPBではオリックス、ロッテの2球団に所属。日本代表を含め、コーチ歴も長く、多くの名選手を育て上げた。

監督から鉄拳制裁を受けた昭和世代のリアル

「なんじゃや、おらぁぁー！」

1980年代中盤、その20代前半のプロ野球選手は、寮の食堂で自分に指導をする二軍監督にブチギレて、トレーに置いた晩ご飯をひっくり返した。一軍で初勝利を挙げて、気分良く食事をしようと思ったら、アドバイスというよりネチネチと数十分の説教をされたからだ。

「もう我慢できへん！」と叫んだら、生意気な若僧に怒った二軍監督も殴りかかってきた。やがて、ヒートアップしたボスは平手の闘魂ビンタからグーパンチへ。

「オッサンなんだこの野郎」と本気で殴り返そうとしたら、周囲で見ていた先輩選手たちから羽交い締めにされて止められた。もし監督をぶん殴っていたら大問題になって、野球人生が終わっていたかもしれない。

そのやたらと気の短い若者は、近鉄バファローズ時代の吉井理人である。

ダルビッシュ有、千賀滉大、大谷翔平、佐々木朗希ら近年の名投手たちを各所属チームで指導してきた吉井投手コーチも、現役時代は「コーチは目先の結果だけを見て好き勝手言って選手の邪魔をしている」と感じていたという。

NPBで19年、メジャーで5年、日米通算121勝129敗62Sの成績を残した選手時代の吉井のイメージといえば、とにかく短気の変わり者。**投手交代を告げられると、マウンドを降りる際にボールをボレーキックして二軍落ち。**

オフのプロ野球界の同学年の集まりも「球界にいる選手はみんな敵」と断固拒否。メジャー時代は、突然ローテから外されたことにブチギレて、監督の目の前でヘルメットをバットで叩き割ってみせた（「リリーフなら打席に立つことはないから、これはもう不要だろ」という怒りを込めて）。

やんちゃな若者が、気遣いのできる現代の名指導者へ

そんなキレやすい荒くれ者が、引退後は筑波大学大学院の人間総合科学研究科体育学専攻課で学び、投手コーチとして日本ハムとソフトバンクで計4度のリーグ優勝に貢献。22年はロッテのピッチングコーディネーターに加え、日本代表の投手コーチも兼任しながらロサンゼルス・ドジャースへ短期コーチ留学と、いまやロジカルさと熱さを併せ持つ球界屈指の指導者である。

振り返ると昭和の時代は、メチャクチャな指導や練習法に負けなかった選手だけが活躍できた。吉井は自著で、その環境で生き残れるのは、「人間離れした才能の持ち主か、生まれながらにして屈強な身体の持ち主か、どんなことにも耐えられる根性があるかだ」（『最高のコーチは、教えない。』ディスカヴァー・トゥエンティワン）と冗談めかして語っている。

だが、もはや少子化と野球人口の減少に悩まされる現代では、そんなやり方じゃ野球界は縮小していくだけだ。……ってこの吉井指導論を目にして、自分が就職した頃のことを思い出した人も多いのではないだろうか。

自分は04年春、中小デザイン事務所で社会人への第一歩を踏み出したが、初日から山のような雑用があり終電帰り当たり前の残業の嵐。もちろん年俸制（ちなみにプロ野球なら育成選手クラスの240万円ポッキリ）なので、残業代なんかつかない。いわば数年間のその我慢比べに勝ち残った人間だけが、本当のスタートラインに立てる。

当時は、業種問わずそんな就業環境が普通だった。だから、そういうやり方で育ってきた世代が、令和の今、中間管理職になっても若手社員の教育が難しい。だって、自分がやられたことをそのまま再現したら、ガチのパワハラになっちゃうから。

私がオジさんになったら、こんな時代がくるなんて上司は教えてくれなかった。

だから、今こそプロ野球から社会人サバイバル術を学びたい。なんつって『吉井理人 コーチング論』（徳間書店）を満員電車に揺られながら熟読する。

例えば、吉井コーチは選手と話す時は、威圧感を与えないように偉そうな腕組みはNG。相手の真正面ではなく斜め前の位置を意識して、選手と同じ高さに降りるのではなく、ちょっと下の位置につくことを前提にする。

もちろん、投手陣からの愚痴や不満でもまずは耳を傾けて、否定することなく受け入れ話を聞く。凄い、そのまま絶対に負けられないデートの必勝テクニックとして使えそうな技術である。

試合中、追い詰められた投手がいるマウンド上へ声を掛けにいく時は、パニックになった投手の意識が自分自身に向かっている内向きの状態なので、**なるべく意識を外に向けさせることを考える。**あえて野球の話題ではなく、「お前、出身地どこやったっけ？」とか「出身校どこ？」なんて投げかけ、一瞬、意識をずらす。そこで「○○県の意地の見せどころや！」と鼓舞するわけだ。

大事なのは「やれ」と強制せず、「自分で考えさせる」こと

なぜ吉井は、ここまで選手の側に立った指導者になろうと思ったのか？

それは、自身のプロ1年目にいきなりコーチから投球フォームのことを指摘され、大混乱してしまい満足に投げられなくなった苦い過去があるからだ。投げるコツを思い出そうと十代の吉井がたどり着いたのは〝自分で考えること〟だった。

「人に言われたことだけやっていては、できたとしても一瞬だけで自分のものにはならない。自分で考えて、汗を流して、はじめて血肉になる」という実体験をもとに吉井コーチは指導する。

例えば、グラウンド上のオフィス（練習中のセンターフェンス前）に投手陣たちを集め、前日の一場面について登板した投手を中心に「俺はこう思う」「自分ならこうする」と意見をぶつけ合う。例え物別れに終わっても、その繰り返しが思考を

回す訓練になるという。

大事なのは、人からの指示を持つのではなく、自分で考えること。コーチにできるのはその手助けにすぎない。だから、選手に一方的に「やれ」とは言わず、どうしたいか確認した上で「ほな、やりなはれ」とあえて大阪弁で背中を押す。

もちろん、指導するのは若手だけじゃない。難しいのは、それなりの実績がある中堅選手だ。一軍に定着していて数千万円の給料をもらいプライドの高い選手は、自分のやり方や考え方に妙な自信を持っている。そこからもう一段階ステップアップして一流になるか、**調子に乗って若手に悪影響を与えるか、別れ道となるのが30歳手前くらいだ**という。

たしかに、会社でも新入社員よりも、転職組の30歳前後の方が「前の会社ではこうだった」……」とかよく言い訳しがち。ってそれ過去だからね。今のキミのチームはそこじゃないだろう。だから、吉井は言うのだ。「キャリアがこれからの若いBチームより、実績のあるAチームは手間がかからない反面、コーチの技量が問われる」のだと。

ちなみに現代の名伯楽は、己の選手時代に出会った名将たちのいいところも貪欲に取り入れる。近鉄とオリックスでともに戦った仰木彬監督は、ピッチャーが打ち込まれて負けた試合後に投手陣を招集した。当然、誰もがこっぴどく怒られると思ったが、ボスは「うん。こういう時もある。チャレンジやぞ。へこたれるな」とだけ言うと、部屋を出て行った。**怒るのではなく、励まして選手をその気にさせる仰木マジックだ。**

ＩＤ野球の野村克也にはことあるごとにボヤかれ、最初は「面倒くさいおっさん」と決していい印象ではなかった。だが、野村采配は失敗した時にまた同じような場面で使ってくれる。

最初はその意味を計りかねたが、起用が続くとやがて信頼されていると意気に感じて、ベストのパフォーマンスが出せるようになる。あえて言葉で鼓舞する仰木タイプと、口にはしないが行動で示して考えさせるノムさんタイプというわけだ。

あらゆるものから学び吸収し、独自の指導者像をつくり上げたインテリジェンス・

モンスター。２０２３年シーズン、吉井理人は57歳にして、ロッテ監督に就任した。メチャクチャな昭和球界の叩き上げで育ち、混沌の平成の名コーチとして結果を残し、ついに新時代の令和で監督デビューである。

生存 POINT

あの頃の価値観にはもうサヨウナラ。貪欲に「今」をサバイバル。

FILE #03

新庄剛志

BIGBOSSから学ぶ「仕事用キャラ」で自分を客観視する術

PROFILE

しんじょう・つよし●1972年1月28日、長崎県対馬市生まれ。阪神タイガースでは、強肩強打の中堅手として活躍し、2001年からはメジャー挑戦を果たす。2004年からは北海道日本ハムファイターズに移籍し、2006年にチームの日本一とともに引退。敬遠球をサヨナラヒット、オールスターでのホームスチールなど常にファンを沸かせるプレーが多い。2022年から、古巣であるファイターズの監督に就任。

監督初年度から現役同様に目立っていたBIGBOSS

あなたは、職場で「仕事用のキャラ」を演じるタイプだろうか?

決して公私混同せず、いつも静かにオンとオフを使い分ける。社内でバリバリ働く営業部のエースの俺と、家で風呂上がりにパンツ一丁で缶チューハイ飲んでるオレは別人さ。そう、日本ハム監督の新庄剛志のようにである。

監督1年目、あれだけメディアに登場した〝BIGBOSS〟も、50代に突入したその私生活が報じられることはほとんどない。

自身のインスタでも発信するのはほぼ野球関連で、たまに愛犬の写真をアップする程度。意図的に、オフの姿をファンに見せないようにしているのは明らかである。

電撃的な監督就任で世間を騒がせた注目の22年シーズンは、「優勝なんか目指しません」宣言して、戦う中で選手を見極める新庄流トライアウトを敢行。

143試合で143通りのオーダーを組み、支配下選手の野手34人全員が一軍のグラウンドに立った。

一方で、世代交代の真っ只中にあるチームの戦力不足は明らかで、ペナント後半には、話題の中心は背番号1からファイターズガールの〝きつねダンス〟へ。日本ハムは9年ぶりの最下位に沈み、本拠地最終年となる札幌ドームの集客も低迷した。

メディアには前向きなポジティブ発言や、時に選手の目に触れることを意識した辛口で強い言葉を選ぶ傾向が強い新庄だが、自著では、48歳で現役復帰を目指す異例のトライアウト挑戦から、翌年秋の監督就任までの心境を淡々と赤裸々に書き記している。

06年に日本ハムを日本一に導く有終の美を飾り、現役引退後はCM撮影で訪れたバリ島が気に入り、唐突に離婚して移住を決断。エアブラシアートやモトクロスバイクに熱中する、10年以上にわたるセカンドライフを送り、たまに日本へ戻ると、信頼していた人に20億円をだまし取られた絶望的なエピソードをバラエティ番組の『しくじり先生』で笑いを交えて明るく話した。

そこからしみったれた生活臭はほとんどしないが、『スリルライフ』（マガジンハウス）では、年相応に老眼でスマホの文字を大きく表示していることや、野球界に戻ってきた理由に「もう一度スポットライトを浴びたい」とか「バリ島に持ってきたお金もそろそろ底が見えてきて、もうひと稼ぎしておきたい」という気持ちもあったことを告白。

監督就任を喜びながらも、**指導者経験のない自分のスキルとも向き合う。**

もちろん、すぐチームを勝たせるような采配ができる甘い世界だとは思ってはおらず、「1年目で戦うための土台づくり、2年目で勝ち癖をつけ、3年目で優勝争い」という現実的なプランを掲げるのだ。

常にどう見られるかを意識していたSHINJO

阪神時代は天才だと思われたくて練習嫌いのフリをしていたが、実は隠れて自主トレやマッサージのケアは欠かさなかった。一方で、晩年の日本ハム時代は逆にあえて若い選手たちにトレーニング風景を見せて、プロの姿を学ばせる。

トライアウトに落ちた翌年、日本ハム二軍の鎌ケ谷スタジアムへ足を運んだのは、野球の勉強と同時に「僕は、監督になる準備をしています」という球団へのアピール込みの行動だったという。

常に熱狂の中心にいながら、自分がどう見られているのかを考え行動するクレバーさを忘れていないわけだ。


条件度外視で年俸を大きく下げてのメジャー挑戦や試合前のダースベイダーに扮しての始球式パフォーマンスなど、人生において夢や楽しさを優先させてきた男だが、実は目の前の仕事に対しては真摯で真っ当なスタンスで臨んでいる。

選手時代、死球を受けて戦線離脱したシーズンでゴールデングラブ賞に選出されるも、「今年の俺のゴールデングラブ賞はおかしい。1年間この賞を心の中で目指して取り組んでいた選手に申し訳ない。来年からは、印象ではなく数字で選んで欲しい」と異例のコメントを発表。

その派手なスター選手の印象とは裏腹に、守備にこだわり、新人時代に7500円で買ったグラブを手入れしながらずっと使い続ける職人肌の一面も持っていた。

誰もが様々な顔を併せ持つ。**本当の自分なんて、職場ですべてさらけ出す必要はないのだ。**例え、誰かから嫌われて否定されようと、それは仕事用キャラのほんの一部分にすぎない。そう思えるだけでもラクになる。

なお、新庄は外野守備でフライを追う際、片目でボールを視野に入れつつ、もう片方の目でときどきフェンスの位置を確認することを意識していたという。

そう、頭の片隅では常に働く自分を俯瞰するイメージを忘れずに。

そして、激動の監督1年目を終えた指揮官は、〝BIGBOSS〟のユニフォームをグラウンドに置いて別れを告げ、23年から〝SHINJO〟として新本拠地のエスコンフィールド北海道での再出発宣言（って、武藤敬司とグレート・ムタのキャラ使い分けじゃないんだから！）。なんて突っ込んだファン多数。

だが、会社員だって、毎朝ネクタイを締めたり、鏡の前で時間をかけてヒゲを剃り、意図的にプライベートとは別キャラモードに入るのも悪くない。**成功しても、失敗しても、今何ができて何が足りないのか、〝仕事用の自分〟を客観視**できるからだ。

さぁ、あなたも大きなミスをして上司に激怒されたら、スーツを脱ぎ、フロアの床に置き、「今日限りでコイツは退職しますが、明日からは新しいオレが出社しますから」宣言だ。

球場でも、職場でもそのくらいの心の余裕はなくさずにいたいものである。

生存POINT

職場用のキャラは時に自分を守る術。
上司も部下の前では、仮面を被り演じることも大切。

FILE #04

石井一久

日本球界の「オトコ気」を否定する男から学ぶこと

PROFILE

いしい・かずひさ●1973年9月9日、千葉県千葉市生まれ。1991年にドラフト1位でヤクルトスワローズへ入団。最多奪三振を2回獲得するなど、本格的左腕として活躍。海を渡りメジャーでも、ドジャース、メッツと2球団に所属。再度、日本に戻った際には変化球主体の技巧派としてでヤクルト、西武と先発ローテーションの一角を担った。2021年より東北楽天ゴールデンイーグルス監督に就任。

「ゆるキャラ」をあえて演じていた現役時代

つかみどころがないし、何を考えているのかわからない。けど、仕事はできる。

あなたの周りにも、そういうタイプの人がいるのではないだろうか。

一見、やる気がないようにも取られがちだが、勝負どころでは抜群の集中力を発揮して大きなクライアントとの商談を成立させて、ボンヤリしてるのに超可愛い彼女やワイフがいたりする。そう、プロ野球界で言えば石井一久のような男である。

ヤクルトからメジャーリーグを経由して、最後は西武でユニフォームを脱いだ日米通算182勝サウスポー。先輩の引退試合が間延びして退屈と感じたら、常識に縛られず、自身の引退セレモニーではセグウェイに乗って颯爽と場内一周をしてみせた。見た目も考え方もゆるいキャラのおかげで、たいていのことは「あぁ、石井だからしょうがない」で許される。

自身のそんなキャラクターについて自著で、「いつもは冴えない感じでいるほうが、ちょっとした活躍でも大きく評価してもらえたりする」（『ゆるキャラのすすめ。』幻冬舎）と冷静に身長185㎝の大きなゆるキャラのメリットを語っている。

要は、確信犯的でクレバーな「ゆるキャラ」設定なのである。

マウンド上では相手を圧倒する印象が強い剛腕サウスポーだが、意外にもシーズン自己最多勝利数は日米ともに14勝止まりだ。最多勝のタイトル獲得経験もない。だが、石井はあえて「一瞬の大活躍よりも、コンスタントに自分の仕事をして、コンスタントに結果を残すことを重視して選手生活を送ってきた」のだという。

要はチームのことを考え、マイペースに自分のできる仕事を長年やり続けるために、レッドゾーンに振り切れる前に自重する。**無理をしすぎると疲労が蓄積して長続きはしない。常に全力であろうとするな、**というわけだ。

正直、ちょっとドキッとした。誰だって若い頃は仕事に追われると、まず睡眠を削り、風呂から遠ざかり、パンツを表裏に履き回せば2日はいけると思い込み、飯もウィダーinゼリーとレッドブルみたいになってくる。

下手したら「忙しいオレ、カッコいい」みたいな自己陶酔も入ってくるので、救いようがない。目の前の仕事に酔わないためにも、**あえて時間の流れをぶった切るシャワーや睡眠は超重要だ。**

石井は言う。「毎日が完全燃焼、完全無欠である必要はない。上手に手を抜き、休む意識を持つことが長く働くことの秘訣なのだ」と。

まさに力んで頑張りすぎちゃう新入社員にかけたい言葉である。

〝オトコ気〟に一石を投じ、ナンバー3を目指すスタイルに

野球人生において、一瞬の称賛より継続して結果を残し続けることにこだわってきた石井は、日本球界にはびこる伝統的な〝オトコ気〟的なものを否定する。要は理不尽な根性論や瞬間的な高揚感に流され、溺れることを警告しているのだ。

チームプレーで仕事をしていれば、自分がいなくても誰かが代わりを務めるだろ

う。悲しいけどコレ、社会の常識なのよね。石井は「アナタがいなくても世の中は回っていく」と思いっきり内角を抉《えぐ》ってくる。

自分が中年男になった今、頭の片隅にそれを置いとくのは悪いことじゃないと個人的には思う。だって、組織と一定の距離感を保つためには、「会社は会社、オレはオレ」というスタンスは時に無謀な働き方のストッパーになるからだ。

同時に冷静な思考は、オトコ気的な瞬間風速の〝場の空気〟や〝ある種の体育会系ムード〟に流されることなく、**気付いたことや違和感を仕事のひらめきに活かす**ことができる。

たしかに猛烈に頑張り、組織の「エース」と呼ばれるのは気分がいい。でも、誰もがみんなエースになれるわけじゃない。

そこで石井は「2番手には2番手の、5番手には5番手の仕事がある」から、「ナンバー3くらいがちょうどいい」なんて悟ってみせる。そういう立場で長く生き残るのもひとつの選択だし、必ずしもリーダーを目指さなくてもいいじゃんと。

まさに早すぎた石井一久の〝ひとり働き方改革〟だ。

そんな石井は子どもの頃、野球よりサッカーが好きで、野球中継でバラエティ番組が中止になると腹を立てていたという。野球の適性があって、練習をしたらどんどん上手くなってしまうから親や大人に反抗せず、目の前に敷かれたレールに素直に乗っていたら、プロ全球団のスカウトがやってきてドラフト1位でプロ入りしてしまった。……って血の滲むような素振りや投げ込みを繰り返しても野球選手になれないケースがほとんどなのに凄まじい才能である。

過剰な思い入れや、憧れやライバルはいらない。自分にとっては、野球はあくまで職業なのだから。**憧れが強すぎると、理想や現実に潰されてしまう。**

チームをまとめるには、キャラの使い分けが重要

一方で、気を付けたいのは、物事には表と裏があるという事実。

石井の場合も「ゆるキャラ」とはまったく別の顔も持っているということだ。現

役時代、遠征や合宿に行く際、3DSやPSPといった携帯ゲーム機を同機種で2台持参する理由は、現地で壊れたり失くしたりすると困るから。自宅は各所に防犯カメラとセンサーを張り巡らせる厳重な警備システムを完備。適当そうに見せて、実はリスクヘッジ志向が異様に高い。さらに、旅行先の汚れた洗濯物を全部キレイに畳んで持って帰る几帳面な一面もある。

いや全然ゆるくないじゃんって、まるで一流のプロレスラーのように、石井は気持ち良く仕事をする上で「ゆるキャラ」を真面目な顔で演じているとも言える。

ちなみに、新日本プロレスリングの悪役レスラー矢野通は、「バカをやらなきゃいけないところで『カッコいい』を入れちゃう、それこそが一番バカである」なんて自意識過剰で悪役になりきれない半端者を笑っている。

時と場所を見極めて、自分に合ったキャラを選ぶ。それが私の生きる道。

現在、楽天の監督を務める石井は、選手時代のゆるキャラ路線とは微妙に一線を画しているようにすら思える。だって、ボスになったからには、そうしないとチーム全体が締まらないから。

そりゃあ、ゆるいだけでは40代後半でプロ野球選手の究極の出世コース、GM兼監督の座にまで登り詰めることはできやしないだろう。大事なのは、ゆるさとガチさの融合だ。もちろんガチな部分は、あえて人に見せる必要はない。**アピール用の〝オトコ気〟なんてクソ食らえ**なのである。

生存POINT

その場の「オトコ気」ムードに流されたらダメ、ゼッタイ。

FILE #05

栗山英樹

テスト生から日本代表監督へ！
大谷翔平を育てた男から学ぶマネジメント術

PROFILE

くりやま・ひでき●1961年4月26日、東京都小平市生まれ。1984年にドラフト外でヤクルトスワローズに入団。89年には外野手としてゴールデングラブ賞を受賞する。現役引退後は野球解説者として活躍。プロ指導歴のない中で、2012年から北海道日本ハムファイターズの監督に就任。10年間でリーグ優勝2回、日本一1回を果たす。2022年からは、侍JAPANの監督として指揮を執る。

挫折にはじまった短いプロ生活から監督就任まで

彼は大学を卒業したら、教員になろうと思っていた。

プロとは無縁の東京学芸大学の野球部でプレーしていた身長174㎝の優男は、いざ就職先を決める段階でプロ野球選手への思いが再燃して、ヤクルトと西武のプロテストを受ける。

奇跡的にヤクルトから合格通知が届き、ドラフト外で入団するも二軍戦ですらレベルの高さについていけない。「この世界でやっていけるはずがない」と恐怖心すら抱き、食事は皆が食べ終えた頃に食堂へ行き、合宿所の風呂すら誰もいない時間に入った。同僚からは「あいつが守るなら投げたくない」という辛辣な声すら聞こえてくる。

栗山英樹のプロ生活はそんな挫折からはじまったのだ。内野から外野へコンバートされ、スイッチヒッターにも挑戦した。地道な努力を続け、89年にはゴールデングラブ賞を受賞。一軍でレギュラーを掴みかけるも、平衡感覚が狂うメニエール病にも苦しめられ、わずか7年間での現役引退を余儀なくされた。

その後は、長らくテレビのスポーツキャスターを務め、12年からは日本ハムの監督に就任。いきなりリーグ優勝に輝き、翌年にはドラフト1位であの大谷翔平が入団してくる。『熱闘甲子園』のキャスター時代に出会い惚れ込んだ逸材と再会し、北海道で前人未到の〝二刀流〟を完成に近付けようと試行錯誤を繰り返すわけだ。

稀代の天才へ向けた常識に囚われないマネジメント術

指揮官の著書『「最高のチーム」の作り方』(ベストセラーズ)は、大谷が史上初の投手と指名打者でのベストナインを同時受賞した16年シーズンを振り返ったもので、二人三脚でNPBを駆け抜けた栗山監督が語る大谷エピソードは、もはや歴史の証言のようですらある。

例えば、16年7月3日ソフトバンク戦（ヤフオクドーム）で大谷を「1番・投手」で起用した試合前、栗山監督は本人を呼んでこう話したという。

「オレも翔平も、負けたら相当批判されるからな」

すると何も答えず「わかってますから」という様子で部屋を出て行った背番号11は、プレイボール直後、先頭打者初球ホームランを放ってみせるのだ。しかも、スタンドインを確信すると、走るスピードを極端に落としゆっくりとホームまで帰ってきた。

1回裏のマウンドに向け、少しでも体力の消耗を避けるためだ。球場やテレビの前のファンが「まるで漫画！」と興奮している中、その世界の中心にいる男は一人だけ冷静だったのである。

ちなみに大谷を1番起用した理由を栗山監督は、「打順が何番にせよ、ネクストバッターズサークルで待たせるくらいなら、先に打たせて、投手の準備をさせる方が逆に楽だろう」と振り返っているが、どれだけ球界OBから批難されても心折れなかった、**常識に縛られない思考があの伝説の試合をアシストしていた**のである。

優勝マジック1で迎えた16年9月28日の西武戦（現：ベルーナドーム）、大谷は1安打15K完封勝利でチームをリーグ優勝に導き、人々はあの投球を「神がかっていた」と評したが、栗山監督に言わせれば「これが大谷翔平」だった。

プロの世界でも、大谷が大谷らしいピッチングをすれば誰も打てやしない。指揮官はそれだけ規格外の才能だと認め、信じ、時に突き放し、育て上げたのである。コーチからは「翔平への愛を出し過ぎです」なんて指摘されたが、同時に「監督がやりたいことは、翔平が一番わかっていた」と周囲が理解する関係性だった。

ソフトバンクと戦ったクライマックスシリーズ第5戦、勝てば日本シリーズ進出という状況において、3番DHでスタメン出場していた大谷は、試合中盤にベンチ裏のトイレから出てきた際に栗山監督と目が合う。

そこで大谷は声には出さないが、DHからマウンドへ「いつでもいけますよ〜」的な空気を出してきたという。そしてボス栗山も「面倒くさいやつだなぁ〜」的な雰囲気で対抗する。いやいや付き合いたての高校生カップルじゃないんだからと突っ込みたくなる阿吽の呼吸で、背番号11は3点差の9回表にマウンドに上がり、NPB最速を更新する165キロを投げてみせるのだ。

部下が上司を育てることもある

プロ入り直後は、多くの大御所の野球評論家から「無謀」「プロ野球を甘く見るな」なんて批判された二刀流プラン。あの当時の喧噪を振り返ると、新日本プロレスの〝100年に1人の逸材〟棚橋弘至にインタビューをした際に聞いた言葉を思い出す。「プロレス界の過去の偉大な選手の言葉にはもちろん耳を傾けなきゃいけない。けど、時間が止まっちゃってる部分がどうしてもあるな、と。野球も同じで、今、現役のプロ野球選手が言う言葉こそ、一番説得力があると思います」

通算2000安打や200勝した名プレーヤーたちはたしかに偉大だ。けど、今日も明日も現在進行形でグラウンドで戦う、選手や監督のプレーや言葉にこそ圧倒的なリアリティがある。栗山監督と大谷翔平の日本ハムでの6年間は、球界の慣習や常識と戦い、それを一つひとつ潰して新しい価値観を創造する道のりでもあった。それでも、栗山は自著『育てる力』（宝島社）の中で書く。「大谷を育てたのではない。むしろ、私が育てられたのだ」と。

上司は部下を育て、同時に部下に育てられる。

我々は組織の中で煌めく人材と出会った時にどうするべきか？　時に会社のルールを変えてでも、その才能をモノにする覚悟と断固たる意志を持てるかが勝負を分ける。栗山監督は未来ある若者を守るために、外出完全許可制の「大谷ルール」を実施した。

過保護だという声もあったが、本人よりも、連れ出そうとする大人たちを制限する狙いがあった。付き合いで夜の街に連れ回されてその才能が潰されないよう、万全を期したのである。大谷もそれを理解して、メジャー移籍する直前まで先輩にも平然と「食事には行きますが、飲みには行きません」と答えたという。

あいつは自分が向かうべき場所とやるべきことを知っている――。

2023年、日本代表監督としてWBCを戦った栗山のチームの中心にいたのは、世界最高の野球選手となった大谷翔平だった。

生存POINT

先人たちは偉大だ。だが、時に「慣習」や「常識」を疑え。

新井貴浩から学ぶ「出戻りリーダーの処世術」

COLUMN

自ら会社を出て行くのに、彼は泣いていた。

新井貴浩は、広島から阪神へのＦＡ移籍を決断したが、その記者会見で「喜んで出て行くわけじゃない。カープが好きだからツラかったです」なんつって涙を流したのだ。広島で生まれ、広島で育った男の愛と青春の旅立ち。

兄貴分と慕う金本知憲のあとを追い移籍した阪神では、７シーズン在籍して打点王も獲得したが、優勝には届かず、古巣カープファンから大ブーイングを浴びたこともある。阪神の常に大勢のマスコミに追われている環境では、性格的にのびのびとプレーするのは難しかった。

外国人選手にポジションを奪われた14年オフに大幅減俸を提示されると、自ら自由契約を申し入れ、そこにカープから「帰ってこい」と声がかかった。

正直、どのツラ下げて戻ったらいいのか、葛藤がないと言ったら嘘になる。だが、それでもカープが好きだという自身の気持ちに従った。元2億円プレーヤーは、推定年俸2000万円のリスタートを選択したのだ。

38歳での出戻り復帰。前年3本塁打のベテランが戦力になるのかと懐疑的な声もあったが、新井は劇的な復活を遂げる。開幕すると四番を打ち、オールスター戦にもファン投票で出場を果たす。ひと回り以上歳が離れた若い同僚たちとの関係にも、できるだけ壁をつくらないように気を遣った。

上から物を言うのではなく、同じ目線に立ち、時には自分から冗談を言ってバカをやったりすることもある。

チームの雰囲気が良くなるなら、笑われるのも悪くない。自分が若い頃は、目上の先輩をイジるなんて考えられなかったが、時代や環境が変わってきたのも理解している。まずは古巣復帰1年目にどういう性格の子たちか見極め、2年目から積極的に声をかけるようにした。

新井は厳格な怖いリーダーではなく、明るくイジられるリーダー像を確立したのだ。

そして、昔の背番号25に戻した16年は節目の通算2000安打、300号本塁打を達成。若い選手が成長したチームは25年ぶりのリーグVを飾り、39歳の新井はMVPにも選出された。

もし、阪神を退団したあの時、意地と見栄を張り、古巣に帰っていなかったら、この栄光に辿り着く前にユニフォームを脱いでいただろう。同時期にメジャーの巨額オファーを蹴り広島に戻った黒田博樹は二桁勝利を挙げながら、16年限りで現役引退。新井は尊敬する黒田からこんな言葉を掛けられたという。

「ケガをして、リハビリをしながら、ボロボロになってもやり続ける。そういう姿を後輩たちに見せてから辞めろよ。カッコよく辞めようなんて、絶対に思うな」

(『撓まず、屈せず　挫折を力に変える方程式』　扶桑社)

COLUMN

まさに新井という選手の本質を突いた言葉である。
98年ドラフト6位で広島入り。身長189cmの大型内野手も、大学のリーグ戦で打ったホームランは2本だけ。荒削りな打撃で守備にも難あり。ただ、恐ろしく不器用だが、カープ伝統の猛練習にも耐えうる体と気持ちの強さを持っていた。「なんでオレだけここまでやらされるのか……」なんて何度も心折れかけるも、バットを振り続け、ノックを受けた。いわば、新井は泥にまみれながら、一歩ずつ這い上がった選手だった。

そういう広島の象徴のような男が、ついに3度故郷に帰ってきた。今度は46歳のイジられる青年監督として——。

プロ野球から学ぶ
リーダーの
生存戦略

第2章

移籍で新たなチャンスを掴め！

転職先での処世術

年功序列や終身雇用も崩れ、働き方が変わる中、
“人生100年時代”とも言われ、「転職」が当たり前となった昨今。
あらゆる環境に対応していくことで、いかに生き残るかというスキルは必須だ。プロ野球選手もFAやトレードなどで新天地でプレーをすることがある。本章では、プレーヤーとして生き残るためにいかにして環境に適応していくか、ということを男たちの生き様から垣間見ていく。

FILE #06

長野久義

巨人電撃復帰のナイスガイが体現した「去り際の美学」

PROFILE

ちょうの・ひさよし●1984年12月6日、佐賀県三養基郡基山町生まれ。読売ジャイアンツへの入団を熱望して、ドラフト指名を2度辞退。2009年に読売ジャイアンツからドラフト1位指名を受ける。入団後からめざましい活躍を続け、新人王・首位打者・最多安打などのタイトルを獲得。2019年にFA補償で広島へ移籍するが、2023年より古巣巨人へと復帰。

巨人一筋への想いを貫いた男の生き様

その男は10年近く会社に尽くしたのに、30代中盤に組織の事情で飛ばされた。

長野久義は他球団の指名を2度断り、09年ドラフト1位で悲願の巨人入り。25歳での遅いプロ生活のスタートだったが、新人王や首位打者に輝き、3年連続でベストナインとゴールデン・グラブ賞のダブル受賞。

リーグ屈指の外野手として鳴らし、在籍9シーズンで計1271安打、137本塁打を放った。しかし、9年目のシーズンを終えた18年オフ、ライバル球団の広島から同じ外野手の丸佳浩がFAで巨人へやって来る。

その人的補償として長野が選ばれたのだ。なお、FA選手獲得時の相手チームへの人的補償は自軍28名をプロテクトできるが、長野は他の主力選手や若手との兼ね合いで巨人が作成するそのリストから外されていた。

酷な言い方になるが、**34歳の冬に「会社から必要とされなかった」**のである。

当時、多くの巨人ファンは怒った。

球団フロントや3度目の監督復帰した原辰徳に対して、なんでチームトップクラスのグッズ売上げを誇る人気者で、功労者のチョーさんをプロテクトしないんだと怒り狂った。

だが、ここで長野本人は決して感情的にならず冷静に「なぜカープはあんなに強いのか、ずっと知りたかった。中に入ればきっとそれがわかるでしょう。新しい野球を勉強できるのは、本当に楽しみです」と大人のコメントを残した。

凄い、**理不尽に飛ばされて、ボスや会社をディスるのではなく、まずは相手のチームを立ててみせたのだ。**さすが夜の街でもスマートな飲みっぷりで知られる男……じゃなくて、当然、広島のカープファンから熱狂的に歓迎され、同時に元所属チームからも感謝された。

いわば、被害者の長野が屈辱を押し殺し、移籍に前向きなスタンスを表明したことで、巨人ファンも「今までありがとう。新天地で頑張ってくれよ」と納得して送り出せたのだ。

30代の壁にぶつかり、自らの定めを受け入れる

もし、自分が長野の立場なら、同じ行動を取る自信はない。

ようやく入れた希望の会社で主力として貢献したのに、34歳にしてリストラされる。普通ならしみったれた居酒屋で、すかしっ屁のような怒りを同僚にぶつけるか、SNSで暗い愚痴をこぼして憂さ晴らしでもするかもしれない。

恋人に突然フラれたら、相手を思いやって別れられるほどできた男じゃないからね。「わかったよ。じゃあせめて最後に泣きの一回お願いします！」ってなんでやねん。


想定外のアクシデントに遭遇した時、人は己のセコさに絶望する。

正直、長野の選手としてのピークはプロ入り直後の数年で、5年目に膝を故障して以降は攻守に精彩を欠くプレーも多々見られた。チームを引っ張る立場でありながら、年下のキャプテン坂本勇人の後ろで、あえて一歩引いているようなスタンスは、時に周囲にもどかしさすら感じさせたものだ。

なんとかそんな状況を打破させようと、高橋由伸監督1年目の16年に2ヶ月近く4番起用されたこともあったが、やがて打線の中心は外国人選手や若い岡本和真が担うようになり、18年開幕戦を長野は静かに「7番右翼」で迎えるという状況だった。いわば**30代のマンネリの壁**にぶつかり、そのオフには人的補償で広島へ移籍していくことになる。

もちろん、プロの世界は人情だけではなく、シビアな現実もある。

広島移籍後のチョーさんは期待された働きができず、22年は自己ワーストの58試合の出場に終わり、打率2割1分1厘、3本塁打、15打点とプロ入り以来で最低の成績で1年を過ごした。推定年俸は1億2000万円と高額にもかかわらず、広島在籍の4年間で100試合以上に出場できたシーズンはなく、ファンの間では引退も囁かれたほどだ。

だが、新しい職場で決して「巨人ではこうだった」なんて**前の会社の栄光の日々を語るようなことはしなかった。**二軍で広島の若手に交じり、練習後の片付けにまで率先して参加した。

全盛期は過ぎていたが、あくまで長野は**「過去」にすがるのではなく、「今」を生きたのである。**

再び古巣へ舞い戻った背番号7

そして、事態は意外な展開を見せる。22年秋、今度は無償トレードで巨人への電撃復帰が発表されたのだ。

衝撃の復帰劇について、広島サイドは「2度もドラフトを拒否して、巨人を貫いた選手。やっぱり巨人で（ユニホームを）脱ぐべきではないか」と明かし、本人の野球人生を考え、カープ側から打診したものだったという。

感情的にならず、大人の対応で新天地へ向かったからこそ、相手もそれを忘れず礼を尽くしてくれた。恐らく、不動のレギュラーだった頃とは違い、巨人で求められる仕事は勝負どころの代打兼外野のバックアッパーだろう。それでも最後の花道は東京ドームで。38歳にして5年ぶりの古巣復帰だ。


今振り返っても、あの時の人的補償での移籍は、明らかにプロテクトから外した球団のミスだった。しかし、去り際の長野の見事な対応で、巨人ファンには美しい思い出だけが残り、結果的に未来へとつながった。

このスタンスはサラリーマンが会社を辞める時にマジで参考になる。

去る時は、清く正しく美しく。強がりでもいい、笑ってサヨウナラだ。

生存
POINT

気を付けたいのは、はじまり方より終わり方。
出会いよりも、別れの言葉。

FILE #07

鳥谷 敬

意地でも仕事を休まないことの重要さ

PROFILE

とりたに・たかし●1981年6月26日、東京都東村山市生まれ。早稲田大学からドラフト1位で阪神タイガースに入団し、16年間プレー。その後、晩年は千葉ロッテマリーンズに移籍し、2021年に引退。阪神時代は、2年目から13シーズン連続で全試合出場を果たす。顔面に死球を受けて骨折した際にも、翌日にはフェースガードを着用して代打で出場するなど、強靭な身体とタフなメンタルを持ち合わせる。

野球を「仕事」として割り切り、結果を残し続ける

最近の若いヤツはガツガツしていない。

あなたも一度くらい会社の上司のおじさんにそんな説教されたことがあるだろう。俺が若い頃はもっと……という例のアレだ。

そのプロ野球選手も若手時代からずっと「覇気がない」と監督やコーチから叱咤され続けてきた。ファンからも「淡々とプレーせず、もっと気持ちを前面に出してほしい」なんて注文を付けられる男。阪神タイガースの生え抜き選手としては、史上2人目の通算2000安打を達成した鳥谷敬である。

基本的に鳥谷はガッツポーズをしない。そんなヒマがあったら次のプレーを考えたいからだ。まだ試合は終わっていない。もちろん喜びや悔しさの感情はあるが、あえてそれらを抑えてグラウンドに立つ。

野球は自分にとって、あくまで「仕事」だから。

関東で生まれ育った鳥谷にとって、阪神は決して憧れのチームではなかったが、天然芝の本拠地・甲子園は自分がプレーするには最も適した環境だと思い、「就職先」として選んだ。野球は仕事だ。厳しいトレーニングも、これも仕事だと思えば耐えられる。鳥谷は自著の中でこう書くのだ。

「(野球は)自分にとっては、「仕事」と割り切ったほうが、より自分を高めるための道筋をつけやすい。「仕事」として受け入れれば、嫌なことでも我慢してやらなければならない。評価されるために、創意工夫もする」

(『キャプテンシー』KADOKAWA)

早大時代に六大学三冠王を獲得したこともある鳥谷は、プロ入り時はトリプルスリー(打率3割・30本塁打・30盗塁)を目指すと宣言するも、すぐプロの世界はそんなに甘くないと気付き、「1年目は100試合に出ること」という現実的な目標を掲げた。

やがて不動の遊撃手として定着すると、リーグを代表するショートストップとして6度のベストナインと5度のゴールデングラブ賞を受賞（17年は三塁手部門）。

それでも、活躍するのが当たり前になると「突出したものがない」という理不尽な指摘をされるプロの世界。三拍子揃った好選手だが、打撃タイトルを獲得できるほど突き抜けてはいなかった。

だが、すべてを標準以上にこなせるからこそ、代走や守備固めを送られることなく、試合に出続けることができる。連続試合出場記録は衣笠祥雄に次ぐ歴代2位の1939試合。

つまり、鳥谷は23歳から36歳まで無休で仕事をやり続けたわけだ。

これは凄い。二日酔いがツラくて、あっさり有給を使う我々も見習いたい仕事への姿勢である。**夢のような営業成績を目標に掲げる前に、まずは毎日職場へ行って仕事のステージに立つこと。**夢や理想じゃ飯は食えないのだ。

熱いハートを持ち続け、ロッテに移籍後もチームに貢献

引退会見では、「野球選手の鳥谷敬というものを一生懸命、演じている感じだった」とついに告白したつくられた鉄仮面。

クールさを必死に演じた鳥谷は、実際は努力と根性の人でもあった。引退後に出版した著書では、自身のことを冷静に分析する。

「そんなにいい選手ではない。ただ、常に試合に出てくれるという点では、使い勝手はいい。使う側からすると、一番面倒なのは、すぐどこか痛いと言いだしたり、相手投手を見て成績が残せそうになかったら休んだりするような選手だ。そういう意味では、鳥谷敬は余計なことを言わないし、淡々とやってくれる」

（『明日、野球やめます　選択を正解に導くロジック』集英社）

右脇腹に死球を食らい助骨骨折の重傷にもかかわらず試合出場を諦めず、顔面にボールを受け鼻骨骨折しようが、翌日もフェイスガードを着けてグラウンドに立った。毎日試合に出続ける。それが自分の生きる道。

だが、鳥谷は決して「根性の押し売り」をしない。

やるかやらないかは個人の自由。でも、俺はヤル。**「仕事なんだからこれくらい当たり前でしょ」と鉄仮面を演じて淡々と試合に出るわけだ。**

「ボロボロになるまで現役を続けたくない」と以前から公言していたが、実際に阪神を構想外となり追われるように去ると、自宅の壁にひとりボールを投げながらオファーを待ち、20年には千葉ロッテで現役続行。

4億円の年俸は1600万円まで下がったが、パ・リーグでのプレーを選択して40歳までユニフォームを着続けた。淡白に見えた男は、心のずっと奥の方に燃える闘魂を隠し持っていたのだ。

今の若いヤツは覇気がない。って、年功序列に蹴りを入れてガツガツ行けば、生意気だって説教するじゃねえか。チームのためか、自分のためか……という永遠の深いテーマに鳥谷は言う。

「自分の立場を確立するまでは、常に自分のためにやるべきだと思う」と。若手選手も若手社員も同じだ。自分自身が不動のレギュラーを掴み、チームの顔になるまでは、自分のためだけに働く。

そして、**ベテランになるまで生き残ったら、その時にはじめてチームのために動けばいい。**だから、若い内は組織のためより、自分のために――。

さぁ、今日も仕事へ行こうか。淡々と、でも着実に結果を残す。

雨の日も風の日も休まず出勤して、いつも静かに笑っている。そういう鳥谷のような社会人に私はなりたい。

生存POINT

表はクールに、内面は熱く。まずは自分のために。

FILE #08

アレックス・ラミレス

野球殿堂入りを実現させた ラミちゃんのチャレンジ思考

PROFILE

Alex Ramirez ●1974年10月3日、ベネズエラ生まれ。2001年にヤクルトスワローズに入団。同年のリーグ優勝と日本一にも貢献。その後は巨人、DeNAでも活躍。シーズン200安打、8年連続100打点、外国人選手史上初となるNPB通算2000安打を達成するなど、記憶にも記録にも残る球界史上最強の助っ人。2016年シーズンより4年間、横浜DeNAベイスターズの監督を務め、CS出場3度と監督としても手腕を発揮。

最強の助っ人も最初は「受け入れる」ことからはじまった

どうせ仕事をするなら、前向きな〝いいヤツ〟と一緒に働きたい。

誰だってそう思う。20数年前、ヤクルトの国際スカウト中島国章氏が外国人選手のスカウティング目的で米キャンプ視察に通っていると、笑顔で声をかけてくる男がいた。何者かもわからない見ず知らずの東洋人に対して話しかけてきたのは、若手時代のアレックス・ラミレスである。

のちに日本で多くの打撃タイトルを獲得して、外国人枠入団選手では初の通算2000安打を達成する大打者も、当時はメジャー昇格したばかりの23歳の有望若手選手。別に日本の球団に自らを売り込む必要なんてどこにもない。

つまり、下心はなく、ナチュラルにフレンドリーで陽気な性格だったわけだ。

その好印象が数年後の来日につながることになる。他にも有望選手がいる中で、中島氏はあの時、自分に笑顔で挨拶してくれたラミレスに魅かれ獲得を決めた。

最初のキャンプの守備練習で、ラミレスはライトの守備位置に入る。ヤクルトとの契約内容に「5番ライト」という条件が盛り込まれていたからだ。コーチは「レフトへ行ってくれるか?」と聞いてきたが、当然拒否した。

しかし、一緒にライトに入った稲葉篤紀が2球フライを捕ったのを見て、自ら「スミマセン、僕、レフトへ行きます」と申し出る。稲葉が明らかに自分より上手かったからだ。ここで、契約内容にこだわり、あくまでライト以外は嫌だと主張していたら、恐らく1年持たずして、ラミレスの日本生活は終わっていたことだろう。

例えば、社会人の転職時の面接も会社側とプレーヤーどちらも己を良く見せようと見栄を張りがち。入社してからぜひこんなことをやってほしいという誘いは、キャバクラの会話と同じで一種の社交辞令みたいなものだ。それを真に受けていると社会人なんかやってられない。**本音と建て前で臨機応変に組織をサバイバルする。**

ある意味、ラミレスは大人だった。

環境の変化に対応して常に最高のパフォーマンスを発揮

著書『ラミ流』（中央公論新社）では、自分の可能性を限定せず、あらゆるものにチャレンジする姿が書き記されている。あの「アイーン」や「ラミちゃんペッ」といったベタすぎるホームランパフォーマンスも、来日当初に同僚たちにすすめられ、何が面白いのか理解不能なまま片言の日本語で真似してみせたら、やたらとウケた。球場の少年ファンたちも嬉しそうだ。みんなが喜んでくれるならとラミレスはパフォーマンスを続ける。やがて、「アイーン」はチームメイトやファンとのコミュニケーションツールの役割を担うようになるのだ。

楽しくやる一方でヤクルト時代は、同僚のキャッチャー古田敦也に日本のバッテリー攻略法を質問攻め。その後、相手捕手の攻め方を研究するため各チームの配球パターンをノートに取るようになっていく。

さらに巨人移籍後は、同僚の小笠原道大の入念な試合前準備に衝撃を受け、自身も昼頃までに球場入りし、そのルーティンを一緒にこなした。

郷に入れば郷に従え。日本という文化に、日本球界という慣れない世界にアジャストし、環境に合わせて自分を意識的に変えた。もちろん、**いいヤツの顔だけじゃ飯は食えない。ビジネスの場では冷静さとしたたかさも必要だ。**

先を見据えたキャリアプランで指導者へ

横浜DeNAベイスターズの監督就任時、ラミレスは球団幹部に対してチームを強くするためのプランをプレゼンしたことを、自著で明かしている。いつかNPBで監督をやりたいと目標を立て、逆算して行動することで夢を掴んだ。

巨人との4年契約最終年にあたる11年シーズンは成績を落とし、原辰徳監督から「これから代打での起用も増えるよ」と告げられていた。そこで、ラミレスは人気球団の巨人に固執するのではなく、常時レギュラーとして出場できる可能性が高いチームでのプレーを希望するのだ。

今より年俸は下がっても、将来的な指導者へのルートづくりとして、目先のカネ以上のモノを得ることができるかもしれない。

結果的に、ラミちゃんはこの賭けに勝った。

いい年した社会人が勝負に出る時、リスクとサクセスは表裏一体だ。慣れ親しんだ環境、気の合う同僚、それなりの給料、もちろん居心地だって悪くない。

だが、時にはあえて自らその場所を飛び出すことが、望んだ未来に繋がることもある。そう、20代中盤の若さで日本に来て、やがて監督を務め、ついには野球殿堂入りまで果たしたラミちゃんのように。

生存POINT

郷に入れば郷に従え。自分の主張は、その環境にアジャストしてから。

FILE #09

松井秀喜

メジャー移籍にも対応した
ゴジラの大人の余裕とハンパない社会人力

PROFILE

まつい・ひでき●1974年6月12日、石川県能美郡根上町（現：能美市）生まれ。1992年に星稜高校からドラフト1位で読売ジャイアンツへ入団。90年代から在籍10年でMVP・本塁打王・打点王・最高出塁率をそれぞれ3回、首位打者を1回獲得する。2003年ヤンキースに移籍し、2009年にはワールドシリーズでMVPを受賞。日米を跨いで活躍した日本至高のスラッガー。2013年には、長嶋茂雄終身名誉監督とともに国民栄誉賞を受賞。

威風堂々、球界の盟主である巨人軍の四番を務める

老舗の伝統を背負った男。いや、彼は伝統の重みに負けなかった男である。

巨人やヤンキースの歴史ある名門球団で、日米通算５０７本塁打を放った栄光の背番号55、松井秀喜。13年には国民栄誉賞を受賞した、まさに国民的スーパースターだ。恐らくアンチ巨人の人でも、ゴジラ松井を嫌いという人は少ないのではないだろうか？

１９９０年代の松井は何かを象徴していた。大げさに言えば、「古き良きプロ野球」そのものである。あの頃の野茂英雄やイチローが、これまでの文脈にない新時代のヒーローという立ち位置だったのとは対照的に、長嶋茂雄監督の愛弟子にして、王貞治の55本塁打超えを託され〝55番〟を背負った元甲子園の怪物は、マスコミが待ち望んだ昭和の香り漂う王道スターだった。

なにせ92年ドラフト前日のスポーツニッポン一面は「巨運だ松井　長嶋引き当て

る！！」だ。いや松井って阪神ファンで有名だったはずじゃ……なんて真っ当な突っ込みは置いといて、翌年に控えたJリーグ開幕や若貴フィーバーで沸く大相撲人気に対抗できる球界の最終兵器は、長嶋・松井コンビしかいない切実さがあった。

プロ初の宮崎キャンプには、なんと初日から２６６人の報道陣が集結する日本シリーズのような熱狂ぶり。並の18歳のルーキーならば取材攻勢のストレスとプレッシャーに押しつぶされていただろう。

松井が凄いのは、そんな**自身の置かれた特殊な立ち位置を逃げずに受け入れたこと**だ。入団会見時には「最近、プロ野球の人気が下がっていると言われていますが、非常に残念なことです。相撲、サッカーなどの他のスポーツに負けることがないように盛り上げたいと思います」と堂々宣言。

記者の毎日同じような質問にも淡々と答え、東スポのAV大好き的な下ネタにまでしっかり付き合う。この懐の深さはエグい。かと思えば、普段から忘れ物が多く、寝坊しまくり時間にもルーズという一面も持つゴジラ。

日本を代表するスラッガー……なんだけど、どこか憎めず、気が優しくて力持ち。しっかりスケベ。何て言うのか、ひとりの人間として信頼できるこの感じ。

大局観を持ち続けて、常に自分のペースで！

ちなみに、背番号55がプロ初本塁打を放った93年5月2日の巨人vsヤクルト戦のテレビ視聴率は32・2％、9回裏に弾丸ライナーのホームランをかっ飛ばした午後9時5分の瞬間最高視聴率はなんと39・7％だった。

当時、日本テレビは松井が本塁打を放つ度にホームランカードを発行していた。しかも、記念アーチとかではなく、1本ごとにだ。そんな異常な状況でプレーするプロ野球選手は今後二度と出現しないだろう。

なぜ、松井はあれほど注目される環境でも、グラウンド上で心乱さず淡々とホームランを量産できたのか？　ニューヨーク・ヤンキース移籍後に出版された松井の著書の中では、こんな一文がある。

「大抵のことでは「こうでなければならない」と決めつけないで生活するようにしています。あまり頭を固くしてしまうと、実現できなかったときに、イライラしたり焦ったりして、ペースを乱してしまうからです」

（『不動心』 新潮社）

もちろん、本職の野球とは真正面からとことんまで格闘する。ただ、それ以外は「まぁ、いいじゃない」くらい気持ちで臨む。ヤンキースへ移籍して、大小含めてハプニングが多いアメリカ生活を送る中で、そんな心境に辿り着いたという。

松井は基本的に仕事の失敗を口に出さない。なぜなら「感情を口や顔に出すと、その感情に負けてしまう」からだという。

さらに別の著書では、試合後の気持ちのリセット法や気分転換について、ゲーム前に外した結婚指輪を薬指に戻す瞬間がオンとオフの切り替えになり、シャワーだけでは流せなかった喜怒哀楽もそれで払拭できると家庭人としての顔も見せている。

「大抵の疲れや悩みは、おいしいものをゆっくり食べて、よく寝れば解消されてしまう」という普通のスタンスで生きる松井。真っ当であり、王道。かと思えば、今も変わらず東スポの60周年お祝いコメントに「現役時代の唯一の後悔は、東京スポーツと仲良くしてしまったこと」なんてかますユーモアも忘れちゃいない。

「食べて、寝る」至極真っ当に、王道に生きた野球人生

先が読めないこの時代、我々の日常生活でも余裕がなくなると「規則正しい食事と睡眠」って基本を忘れて愚痴りがち。しかも、通勤電車で足を踏まれたとか些細なことにイライラして腹を立てる小さい自分がいる。

最近、コロナ禍も落ち着き、会社の打ち上げや取引先との飲み会が復活してきて「あぁ、しんどいな……」と憂鬱な人も多いかもしれない。個人的に大人の付き合いを求められる夜には、松井の巨人時代のクリスマス契約更改を思い出す。

時にサンタクロース人形を頭に乗せ、おもちゃのバズーカ砲をぶっ放すサービス

ショットに協力し、毎年クリスマス更改の理由を聞かれると「たまたまこの辺が空いているという寂しい事情もあるんですが」なんて爆笑を誘う。

スーパースター松井ですら、毎年この手の茶番スレスレの記者会見をプロ野球選手のオフのイチ仕事としてしっかりこなしていたのだ。別に「もうそういうのは勘弁してください」と断ったところで、誰も文句は言わないだろう。なのに、報道陣が用意した小道具を持ちポーズを決める律儀な姿。

あの社会人力は凄い。よし俺も今夜は部署の飲み会に顔出そうかな。別に毎週やるわけじゃないし、年に何度かの付き合いでその後の仕事が円滑に進むなら……なんつってウコンの力を一気飲み。あの頃、サンタの帽子姿はマジでダサくて、死ぬほど格好良かったっすよ松井さん。

もちろん、すべてが上手くいくわけじゃない。30代中盤を迎えた現役生活の後半、06年に左手首骨折、07年には右膝を痛め、08年にも日本時代からの古傷・左膝を手術と毎年のように故障に悩まされた背番号55の姿。もちろん若い頃は連続試合出場が当たり前のタフさを誇った松井本人もショックを受ける。

その上で、逃げずに怪我をした現実を受け入れ、リハビリに励むわけだ。大切なのは弱気にならないこと。「怪我をする前よりもすごい選手になってグラウンドに戻るんだ」という強い気持ち。

信念を持っていれば行動が変わり、己の人生さえも変えることができる。そして、2009年のワールドシリーズで松井は、日本人選手初のMVPを受賞するのだ。

よく食べて、よく寝て、心のずっと奥の方に強い心を忘れずに。

こんな殺伐とした時代だからこそ、いつも心にゴジラ松井魂を。

生存 POINT

いい仕事をするために大事なのは「食う・寝る・遊ぶ」転職しても自分のペースを崩さない。「不動心」がマジ大事。

FILE #10

谷繁元信

名捕手から学ぶ
「人間観察を生かしたキャッチャー流仕事術」

PROFILE

たにしげ・もとのぶ●1970年12月21日、広島県庄原市生まれ。1988年にドラフト1位で大洋ホエールズへ入団。1年目から一軍で活躍。2002年には、FA権を行使し中日ドラゴンズに移籍。堅守と巧みなリードで正捕手としてセ・リーグを代表するキャッチャー。2014年シーズンより選手兼任監督として、ドラゴンズを牽引。27年連続本塁打および捕手としての試合出場のギネス世界記録も保持する。

選手兼任はまさに〝現場監督〟

どんな仕事も、長く継続させることが一番難しい。

プロ野球選手は1年だけ大活躍するよりも、20年間プレーし続ける方が難しいし、営業パーソンならば、一発デカい契約を取るより、毎年コンスタントに一定の結果を残し続ける方が会社への貢献度は高いだろう。

どんな職種であれ、**社会人生活も10年近く経過すると、毎日同じ仕事を続けることへのハードルの高さ**を痛感する。

20代後半の環境に慣れてきたマンネリとモチベーション低下、30代のオレこのままでいいのかな症候群、40代を襲う体力低下からくる心身の健康維持の困難さ。

谷繁元信は、27年間の現役生活で通算3021試合出場の日本記録、捕手として2963試合出場の世界記録を達成。新人の89年から引退した15年まで、27年連続の本塁打は「プロ野球選手による本塁打最多連続シーズン数」でギネス世界記録に認定された。通算2018安打を放ち、捕手でゴールデングラブ賞6度獲得、晩年には選手兼任監督を務めた、文字通り「現場監督」にまで出世した男である。

超高校級キャッチャーとして大洋ホエールズにドラフト1位で入団、1年目から80試合に出場したが、意外にもプロでやっていけるという自信がついたのは、はじめて打率3割を打った8年目の96年のことで、キャッチャーというポジションの醍醐味に気付いたのは30歳を過ぎてから。

中日にFA移籍後、投手の良さを引き出し、打者を翻弄する捕手の面白さが完全にわかった頃、チームも優勝を重ねるようになっていた。谷繁は15年近く根気強く同じ仕事を続けて、ようやくそのコツみたいなものを掴むことができたわけだ。

横浜時代を振り返った自著によると、契約更改交渉の席で、フロントとこんなやり取りをしたことがあるという。

「チームを強くしたいなら、10勝投手をもう3人ほど補強したらいかがですか？」
「ならば谷繁君は不要だろう。それをなんとかするのが君の仕事ではないか」

（『勝敗はバッテリーが8割　名捕手が選ぶ投手30人の投球術』幻冬舎）

たしかに、それこそが自分の仕事だと、谷繁は気付かされる。

そして、捕手として一流になるために日常生活から訓練することを心がけた。高速道路の料金所の列でどこが早いか瞬時に判断して入り、歩いている時は前方から人が来たら相手がどっちに動くか予想して動く。そうやって、試合勘に似たようなものを鍛えるのだという。仮に失敗してもいい。小さなミスをリセットする思考に慣れることで、試合中のミスにも苛つかず、スムーズにリセット作業することができるようになった。

本を読み、新聞やテレビなどで**印象に残る言葉や説明の仕方と出会ったら、メモをして、いざという時に使えるようにしておく。**ピンチで焦る投手に瞬時に的確なアドバイスを送るためだ。

常にアンテナを張り巡らせて、些細なことからも情報取集

仕事のための人間観察は、チーム練習中や宿舎での食事時だけではなく、ロッカールームでも欠かさなかった。ロッカーを整頓している几帳面な投手は、慎重に投げられる反面、ピンチをつくると神経質になりすぎてしまう。いつも散らかっている投手は、思い切りのいいピッチングをするけど、勝負どころで雑になりがち。

ロッカーで滲み出る性格で、マウンド上でかける言葉も変わってくる。

キャッチャーは、投球を受けて終わりではないのだ。普段の振る舞いや会話から、チームメイトがどんな性格かを知るまでが欠かせない仕事だった。

この谷繁流リサーチは、会社でもめちゃくちゃ役に立ちそうなテクニックだ。コロナ禍以降、アフターファイブの飲みニケーションが激減。社内じゃ基本マスク姿。隣で働く同僚がどんな人間なのかいまいちわからないケースも増えた。だからこそ、デスクやロッカーの様子をそれとなく観察して、「あの新人男子、物静かな雰囲気

だけど、鳴った電話にいち早く出てくれているな」とか、「よく持ってきてるハンドタオルはスラムダンクの劇場版グッズだよな」みたいな意外な発見がある。

仲間が仕事でテンパっている時、どんな声掛けをしたら効果的か、**オフィスのちょっとした仕種や会話にヒントは隠されているのかもしれない。**

ひたむきな精神で弛まぬ努力を続けた先に

そんな名捕手を支えていたのは、地道な準備の積み重ねだ。外国人選手のロバート・ローズがオフにウェイトトレーニングを積んで体をつくり、年々飛距離が増していくのを目の当たりにすると、谷繁はローズを見習って午前中に1時間半トレーニングを積んでから、ナイトゲームに臨むルーティーンを40歳近くまで続けた。

そのトレーニングの蓄積が45歳シーズンまでの現役生活に繋がったのだ。ミットを構えた左手が右手に比べてひと回り大きくなるほど、誰よりも多くのピッチャーの球を受け続けた谷繁は、自著でこう書く。

「準備をし続けたおかげで、「根拠のない自信」ではなく「確固たる自信」がつきました。今では「継続は力なり」だとつくづく感じています」

（『谷繁流キャッチャー思考』　日本文芸社）

いつの時代も、常勝チームに名捕手あり。

若い頃は、自分のことで手一杯だったのが、30代や40代になると若手の長所を引き出し、結果を残せる人材を育てる喜びと出会う。このプレゼン案件は強気に行くべきか、一歩引いて変化球で攻めるべきか。オレがオレがじゃなく、ちょっとキミやってみないかと若手や中堅社員を上手く乗せて鼓舞する名キャッチャー。

今、多くの会社から求められているのは、チーム全体に利益と安心をもたらし、時に果敢にクライアントの内角をえぐれる、「オフィスの谷繁」的な存在ではないだろうか。

生存POINT

継続は力なり。長く続けることを舐めてはいけない。

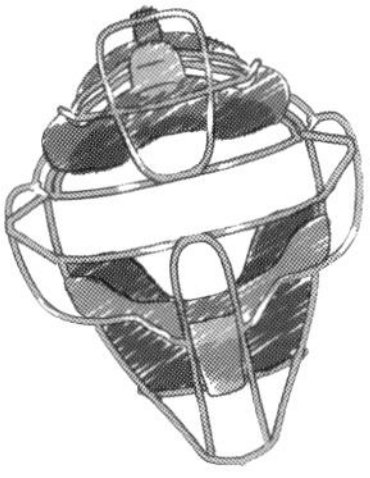

FILE #11

大谷翔平

稀代の天才二刀流から学ぶ「後悔しない組織の選び方」

PROFILE

おおたに・しょうへい●1994年7月5日、岩手県水沢市(現:奥州市)生まれ。花巻東高校からドラフト1位で北海道日本ハムファイターズへ入団。投手と打者の二刀流として活躍し、2016年にはチームのリーグ優勝と日本一にも大きく貢献。翌年オフにポスティングでのメジャー移籍でロサンゼルス・エンゼルスに入団。メジャーでも投打にわたり活躍し、新人王を獲得。2021年には本塁打王争いも演じ、MLBでのシーズンMVPを獲得する。

メジャーへのこれまでの幻想を実力で打破した男

野球も仕事も、時代とともに価値観は変わる。

「日本のピッチャーは「いくじなし」揃いではないのか。そういいたくもなる。消極的すぎるし、あまりにもチャレンジ精神に乏しい。わたしは、日本のピッチャーのこうした態度にひどく失望したし、とても腹がたった」

（『地球のウラ側にもうひとつの違う野球があった』日之出出版）

35年近く前、ヤクルトでプレーした大物メジャーリーガーのボブ・ホーナーは自著の中でそう書いた。なぜ、彼らは逃げてばかりの投球で堂々と勝負しないのかと。インターネット普及前で動画サイトもなかった当時は、まだ海の向こうの大リーグはリアリティがなく、「そうか、野球の本場アメリカじゃ常に真っ向勝負なんだな」なんて日本の野球少年たちは素直に思ったものだ。

しかし、時が経ち、2021年にMLBで熾烈なホームラン王争いを繰り広げた大谷翔平に対する過剰な四球攻めを見ていると、どこの国、リーグでも強打者に対しては勝負を避けるのが当然なのだという当たり前の事実を知った。

160キロの速球を投げ、150メートルの特大アーチをかっ飛ばすマンガのようなヒーローの登場。現代の大谷が、なぜ朝のワイドショーも騒ぐレベルで日本中を熱狂させているかというと、MVP獲得や投打の二刀流で野球界の歴史と常識を変えただけでなく、そこに長年の〝米国メジャー最強幻想〟を一つひとつ破壊する爽快感があるからだ。

大半のメジャー球団から獲得オファーを受ける23歳

思えば、大谷はメジャー移籍時の球団選びから、それまでの価値観に縛られることはなかった。17年オフ、日本ハムから入札制度（ポスティングシステム）でのM

ＬＢ移籍を目指した二刀流は、ロサンゼルスでメジャー各球団との面談を行った。全30球団のうち、20数球団が大谷サイドに事前資料を送り、そこから7球団が直接面談に進んだ。

野球に詳しくない人でも、**「23歳の若者が大企業の幹部から全力のプレゼンを受け、自分に合う組織を選び放題」**と書けば、大谷の凄さが伝わるのではないだろうか？

最終的にロサンゼルス・エンゼルスを選択するわけだが、あの名門ニューヨーク・ヤンキースは、それ以上の好条件を提示しながらも、書類審査の段階で大谷側から契約の意志がないことを告げられ脱落。

球団幹部は「カネはいらないが、メジャーでプレーしたいと言った選手ははじめてだ。こんな選手が出てくるとは思いもしなかった」と驚き、ニューヨークメディアでは「ヤンキースでプレーすることに怖じ気ついたチキンだ！」なんつって、マッチングアプリで相思相愛と勝手に思い込んでいたおネエちゃんに相手にされなかった八つ当たり的な見出しが踊った。

過去に多くの日本人選手が、メジャーのキャリアのはじまりにヤンキースを選択してきた。松井秀喜も田中将大も、平成球界を代表する剛腕・伊良部秀輝は死にたいくらいに憧れたピンストライプのユニフォームを着るために日米を巻き込んで大騒動まで巻き起こしたほどだ（ポスティング制度は96年オフのこの伊良部騒動をきっかけにできた）。

今度のジャパニーズスターもなんだかんだ言ってヤンキースに来るはず。事前にそんな空気すら流れていたが、大谷はヤンキースブランドやカネよりも、二刀流を継続できる野球をプレーしやすい環境を選んだ。伝統よりも今。歴史を追うのではなく、自ら歴史をつくる男だ。

目的を体現させれば、結果も金も追いついてくる

渡米時、ポスティングシステムの譲渡金を含まない大谷本人の契約金は231万5000ドル（約2億6000万円）、年俸はメジャー最低保障の54万5000ド

ル(約5720万円)だったが、23年の年棒は3000万ドル(契約時のレートで約43億5000万円)に到達。

オフには、地球上の野球選手史上初の総額5億ドル(約669億円)を超える大型契約が成立するか注目されている。カネを追いかけなかったら、気が付けばあとからカネはついてきた。日本ハムのスカウトディレクターを務めていた大渕隆は、大谷についてこんな印象を語っている。

「大谷はマイペースというか、いい意味で『計算をしていない』ところがあると思います。たとえばゴールが決まっていて、そこにいくために一番効率の良い答えや方法を求めようとしていない感覚みたいなものがある。もちろん野球の技術などはそういう考え方かもしれないですけど、彼の生き方として、計算して物事を判断するのではなくて何か湧き出てくるものに従って行こうという、すごく自然な生き方をしていると思います」

(『道ひらく、海わたる　大谷翔平の素顔』　扶桑社)

サラリーマンだって、効率化だけを求める仕事に人生を懸けるのはゴメンだ。そう、もう名前で会社を選ぶ時代は終わった。エンタメソフトやライフスタイルと同じく、価値観の多様化……と書くと、オオタニサンは野球の天才。自分たちとは次元が違うと突っ込まれるかもしれないが、いや、スーパースターも俺らと同じ人間だ。能力は真似できなくても、その姿勢は参考になる。

就職や転職する際、人はどうしてもネームバリューに流されやすい。特に新卒の就活時はなるべく有名企業を狙いがち。「だって親や同級生の目もあるし、見栄を張りたいし、モテたいし、みんなに知られている大企業の方が給料もいいし」って、一度きりの人生だ。

大谷翔平が周囲からの批判に屈せず、とことん二刀流を追求したように、まずはやりたいことをやればいい。**成功しようが、失敗しようが、どうせならサウナでの脂肪燃焼より、人生を完全燃焼したいから。**

なんて偉そうに書きながら、自分も29歳の春にいわゆるひとつの有名企業の知名度に流されて転職して、まったく環境になじめず数日で辞めた経験がある。あの時、会社のブランドや給料を上回る、仕事上の最優先事項を設定できていなかった。**いつの時代も何をほしいかわかっていない男は、何も手に入れることはできない。**

仕事で重要なのは「どこでやるか？」じゃない。あなたが「なにをやるか？」だ。

生存 POINT

「どこでやるか？」よりも「なにをやるか？」

COLUMN

實《さね》松《まつ》一《かず》成《なり》から学ぶ「30代からの人生逆転術」

いつの時代も、経験も信用もカネもない若い男はこの世で一番無力である。

多くの人は社会人になりたての春に、現実の厳しさに打ちひしがれる。ミスを笑って許してもらえる学生の身分というエクスキューズを失い、何もできない自分と嫌でも向き合うハメになる。

大人の世界でおじさん達は思った以上に手強い。圧倒的無力感に襲われ自己嫌悪に陥る夜。これはプロ野球選手でも同じことだ。どこの大学出たとか、高校通算本塁打数なんて肩書きはプロの世界じゃ何の役にも立ちやしない。

ちくしょうこんなはずじゃなかった……と。

實松一成は、98年ドラフト会議で日本ハムから1位指名を受けた。あの平成の怪物・松坂大輔の外れ1位である。

だが、とにかく打撃で苦しんだ。一軍での打率は1割台で、悲しいことに投手よりも打てない捕手。いくら守備が重要視されるポジションと言っても、これではレギュラーへの道のりは遠い。そして、06年開幕直前にトレードで巨人へ移籍。いわば第二新卒の〝25歳での転職〟だ。


と言っても、当時の巨人には球界最高の打てるキャッチャー阿部慎之助がいた。79年3月生まれの阿部と81年1月生まれの實松は年齢も近い同世代。これはレギュラーではなく、阿部の保険的な第2・第3の控え捕手としての獲得だった。

栄光の元ドラ1捕手が直面する厳しい現実。新天地でも出場機会に恵まれず、年俸もジリジリと下がり、気が付けば20代もおしまいだ。正直、實松はいつリストラされてもおかしくない立場だった。

それが11年5月4日の阪神戦でサヨナラ打を放ちプロ初のお立ち台に上がってから、徐々に一軍での居場所を見つけていく。勝負の30歳シーズン、20試合の出場ながらも打率2割7分3厘を残し土俵際で踏ん張ると、翌12年は第2捕手として完全に定着。巨人移籍後最多の58試合に出場すると、日本一にも輝いた。オフの契約更改では変動制の3年契約で一発サイン。

しかも、2000万円から倍増となる推定年俸4000万円到達。3年契約を明かした記者会見上で、實松は冗談混じりに「自分でいいのかな?」なんつって控え目に笑ってみせた。

その後、チームの世代交代もあり、17年オフには36歳の戦力外通告を受けたが、二軍育成コーチ兼選手として日本ハムに復帰すると38歳まで現役続行。正直、最後まで實松一成は1億円プレーヤーや絶対的レギュラーにはなれなかった。ドラフト1位でプロ入りした時の理想像とはかけ離れたキャリアかもしれない。

しかし、多くの同世代の選手がすでに引退している中、彼はプロの世界で21年間も生き残った。**自分の能力と役割を理解した上で、現実から逃げずにステージに立ち続けた**わけだ。勘違いしないでほしいけど、諦めなければ夢が叶うとかヌルいJ-POPみたいなことを言うつもりはない。

重要なのは、自分に何ができるか、どう準備すべきか、徹底的に考え抜くということだ。

不遇の20代を過ごすも、30代でいぶし銀として花開いた仕事人。以前、巨人のある若手捕手にインタビューした際、尊敬する先輩選手は誰か聞いたら、こう答えてくれた。

「第2捕手でいつ出番が来るかわからない状況で、いざ試合に出た時にはしっかり結果を残す。凄いですよ、實松さんは。本当に凄いと思います」

プロ野球から学ぶ
リーダーの
生存戦略

第3章

逆境を切り裂き立ち向かえ！
人生逆転術

時には熱く、時には冷静に。会社というフィールドで常に
戦い続けなければならない、ビジネスパーソン。
本章では、さまざまな環境に置かれた選手たちが
どのような考え方で生き抜いていったのか。
プロ野球選手から、ビジネスパーソンにも通ずるスタンスや仕事術を紹介。
「まだまだ老け込むには早い。俺だって、やってやる！」と
その心に火をつけて、闘志みなぎるそんなあなたに……

FILE #12

古田敦也

ノムさんの厳しい指導に耐えた男の「わかり合えなくて当たり前」な人生観

PROFILE

ふるた・あつや●1965年8月6日、兵庫県川西市生まれ。入団2年目にセリーグ捕手初の首位打者に輝くなど、強肩強打のヤクルトスワローズの黄金期を支えた名キャッチャー。トレードマークのメガネはもちろんのこと、配球面などで頭脳を駆使し、「ID野球申し子」とも言われていた。プロ野球再編問題が勃発した2004年には、選手会会長として東奔西走。2006〜07年には、選手兼任監督としても活躍。

名捕手が実践した〝対上司〟の必勝法

いつの時代も夫婦の仲と上司と部下の本当の関係は、当事者以外にはわからない。CMで笑い合うおしどり夫婦が実は冷えきった仮面夫婦なように、美しい師弟愛も裏側を見れば、また別の側面も見えてくる。名将・野村克也と平成最強捕手の古田敦也もそうだった。

入団した頃、ノムさんのもとに「古田です。よろしくお願いします！」と挨拶へいくと、仏頂面でコーヒーを飲みながら、「あ～い」と返されただけだった。1年目から正捕手で起用されるも、ベンチで「何だ、あの配球は」「何でこんなサイン出すんだ、ボケ」なんてボロクソに叱責される日々。のちの殿堂入り捕手も、そういう下積み時代を過ごした。

古田はソウル五輪銀メダルの実績を引っさげ、ドラフト2位でプロ入り後、2年目には打率3割4分0厘で捕手としてセ・リーグ初の首位打者獲得。翌92年には30本塁打を放ち、チームの14年ぶりのリーグ優勝に貢献した。93年はセ・リーグMVPにも選ばれ、野村ヤクルトを初の日本一に導く。

その後もヤクルト黄金期をど真ん中で支え続け、現役晩年にはプロ野球選手会長として2リーグ制維持に奔走。06年には師匠の野村以来29年ぶりの選手兼任監督に就任すると、「代打、俺」が話題を呼んだ。NPB史上最高の通算盗塁阻止率4割6分2厘、打撃では通算2097安打を放った背番号27は、**キャッチャーの地味なイメージそのものを変えた**と言っても過言ではないだろう。

一見、のび太君風の優男だが、古田はどれだけ叱られようがへこたれないジャイアン級のハートの持ち主だった。ボスからボヤかれディスられまくり、毎日のようにベンチで立たされて怒られると、近くにいればわざわざ立たされることはないだろうと、あえて目の前に座るようにした。

もしも、現代のルーキーが同じ指導をされたら、数日で心折れて、お台場あたりで風に吹かれながらママに電話しちゃうだろう。「豊富な知識はピンチを救う」と試合展開を次々に予測していく名将。もちろん、それだけの経験と知識を持つノムさんは偉大だが、**何とか理解しようと食らいつき、すべてを受けきった**若者のメンタルも半端ない。

古田は自身の著書『うまくいかないときの心理術』（PHP新書）でその裏側をこう書く。

「とりあえず言われたことにはわからなくても『ハイ！』と答えていました」

打たれてベンチに戻ったら監督からどやされ、ストレスばかりが溜まっていく。だが、野村監督は日本一の実績を残してきた捕手、新入りの自分が意見を言っても聞いてもらえるわけがない。そこで古田は現実を受け入れ「**何も言わずに引き下がって耐える**」という方法に出る。

完全なイエスマンになったのである。そうして2年、3年とハードワークに耐え、試合でも結果を残しはじめると、徐々に「あのピッチャーはどうだ？」と監督の方から意見を求められるようになったという。

聞かれてはじめて意見を言う。実績に差がある上司には反発しても意味がないし、ともに働く内に時間が解決することもある。

ファンやマスコミからの厳しい声に対しては、**「叱責は前向きに受け止め、批判はサクサク消化する」大人のスタンス**で対応するのが古田流である。一種の達観というか、20代でこの考えに辿りついた男がどれだけいるだろうか？

結局、自分でコントロールできないことをあれこれ考えても無駄。マッチングアプリでフラれまくってもいちいちへコむのはマジで無駄。ザ・グレート・ムダ。

落ち込んだ時は意識的に自分を鼓舞して、**焦った時ほど落ち着いて、好調な時こそ慎重に目の前の仕事をクリアしていく**だけだ。

本当に必要なのは「敏感力」よりも「鈍感力」

ちなみに、古田はあえてルーティンをつくらないようにしていたという。

己のルールに縛られ、この枕や布団じゃなきゃ寝れないとか言い出したら、それがない時にストレスを感じてしまう。たしかに移動の多いプロ野球選手は、いかに心身ともにタフでいられるかの勝負でもある。新幹線でも飛行機でも気にせず眠り、どこの土地でも好き嫌いなく食事をする。

古田がルーキーの年、海外キャンプに大量の和食を持っていく神経質な先輩選手がいたが、そのナイーブな先輩はプロの世界では大成せずにチームを去っていった。**自らのこだわりに振り回されるなら、いっそ環境に鈍感でいた方がいい。**

恐らく、この男は会社や他人に過剰な期待をしていないのではないだろうか。わかり合えなくて当たり前を前提にコミュニケーションの妥協点を探っていく。先輩や上司がムカつくって、まぁ、ムカついて当然だからくらいのスタンスでいた方が対処しやすい。

まさにその人生観は、投手を買いかぶらず現状を冷静に分析し、「打者に打たれる」という結果を避けるため、逆算してリードを組み立てる名捕手の思考そのものだ。

振り返れば、リアリスト古田は立命館大4年時のドラフトで、ある球団から上位指名を確約されながら、直前でまさかの指名漏れした屈辱を経験している。それも「メガネをかけている」という理不尽な理由で。

つまり、プロ全球団が、当時の野球界では珍しいメガネをかけた捕手を敬遠したわけだ。しかし、理不尽さを己のパワーに変え、そこから古田はトヨタ自動車でアマ球界ナンバー1捕手に成長し、「オレが最初にメガネのキャッチャーになってやる」と運命を切り開く。

結局、他人の評価はコントロールしようがない。だったら、とりあえずその場でできることをやっていくというタフさで野球人生をサバイバルし続けた。

ちなみに古田は、身体と心を休めるオンとオフの切り替えのため、遠征先に着くとその足でひとり映画館へ向かう。何人かと一緒に行くと、他人に合わせる必要が出てきてしまうからだ。だったら、気ままに観たい映画を選んで、つまらなかったら途中退席するのも自由な〝一人の時間〟を楽しむ。映画館の暗闇はスクリーンだけでなく、裸の自分とも向き合える空間だ。

他者に心惑わされず、冷静に仕事と向き合い、あえて孤独と戯れる心の余裕を忘れない。強肩やリードに加え、キャッチング技術も歴代屈指。さらに嫁は女子アナ。必殺仕事人古田敦也は、まさに「心・技・体」の三拍子揃った平成最強捕手だったのである。

生存 POINT

上司や同僚とはわかり合えなくて当たり前。まずは、焦らず、じっくり、冷静に。

FILE #13

小宮山悟

ロジカルに熱く!
会社に依存せず生き残るガチンコ交渉術

PROFILE

こみやま・さとる●1965年9月15日、千葉県柏市生まれ。高校卒業後、2浪を経て早稲田大学に入学。その後、ロッテオリオンズ（現：千葉ロッテマリーンズ）にドラフト1位で入団、メジャーでもプレー経験を持つ。高いコントロール力に加え、新球の“シェイク”を開発する。投球に対する飽くなき探究心から、現役時代にも同大学でスポーツ科学を専攻。現在は、早稲田大学の野球部特別コーチを務める。

先輩の懐に飛び込む、新人投手の勇気

「自分のどこが悪いのかわからない。どこが悪いのか教えてください」

かつてそのルーキー右腕は、先輩投手の牛島和彦に頭を下げた。89年ドラフト会議でロッテから1位指名を受けた小宮山悟である。部屋に押しかけ、色々な質問をぶつけると、しばらくどれくらい真剣か様子を見ていた牛島からこう問われる。
「おまえ、歳はいくつだ?」と。小宮山は大学受験時に二浪して早大に入っていたため、1年目に25歳になる。

「おまえは大卒でプロ1年目だけど、高校卒業してプロに入ったヤツらはもう6年もプロで飯を食っている。いまは劣っていても、この1年で引けをとらないレベルにならないと、プロに入ったことは失敗だ」

（『成功をつかむ24時間の使い方』ぴあ）

浪人1年目には、ほとんど野球の練習をしていなくとも冷やかしで巨人の入団テストを受けて合格。ハードな練習で知られる早大では第79代の主将を務め、日米大学野球のメンバーにも選ばれた。

野球に対してはそれなりの自信はあったが、**決して過信はしない冷静さも併せ持っていた。**小宮山は教えを請うた先輩からいきなりガツンと言われ、不貞腐れるのではなく己の甘さに気付くのだ。

人はシリアスな話をする時ほど一定の距離と時間が欲しくなる。

例えば、転職の面接や会社の上司との面談も、言いたいことの半分も口にできずに終わるなんてザラだ。ボスに対してあまり強気に出てもその後に気まずくなるし、弱気になりすぎても舐められる。

どっちに転がっても自己嫌悪。結果、適当な世間話でお茶を濁し正念場で場繋ぎの半笑い……。

ビジネスでも合コンでも、**相手の懐にいきなり飛び込むのは勇気がいる**わけだ。

会社に厳しく、自分にも時にシビアな目線を

だから、現役時代の小宮山の球団との交渉の姿勢は参考になる。自著『最強チームは掛け算でつくる』（ベストセラーズ）の中では、ローテーションの中心を担う頭脳派投手が球団関係者とやり合う様子が幾度となく描写されている。

90年代前半、黄金時代真っ只中の西武ライオンズに自チームが大きく負け越し、自身も二ケタ勝ちながら味方の貧打線でそれ以上の黒星がついてしまう。オフになるとフロントの人間に「ライオンズに勝ちたいから、あんなチームをつくってほしい」と訴えるも空回り。

球団側の「ライオンズみたいなチームをつくるのは大変ですよ」なんて諦めとも受け取れる返答に対して、小宮山は「勝ちたければ、いい選手を獲りましょう。本気で勝つ態勢を整えましょう。いつまでも優勝しなくていいんですか」とズバリ物申す。

ほとんどの選手は、サラリーマンと同じくチーム内での衝突を恐れて（もしくは引退後の身の振り方を考えて）、ここまでは口にしない。

他にも同学年の西武のエース渡辺久信より、数字は劣るが同等の能力はあると考えていた小宮山は、「自分の能力を証明したいので、試しにライオンズへトレードへ出してください」とか、「ライオンズだったら、何勝できると思いますか」なんて球団フロントを困らせるガチンコ発言を繰り返す。

当時の球団フロントがプロ野球チームを持つだけで満足して、低い位置での現状維持でよしとするスタンスに腹を立てたのである。こうして契約更改で毎年のように上と激しくやり合い、〝投げる精密機械〟と称された90年代チーム最大の功労者は99年に7勝を挙げながら、マリーンズから自由契約を通告されるわけだ。

いや、小宮山の交渉が参考になるって言い過ぎてクビになってるじゃねえか……なんて突っ込みは野暮だろう。重要なのはそこではない。注目すべきは、この男の

〝プロフェッショナルとしての姿勢〟だ。

組織に対してだけでなく、グラウンド上でも決して妥協しない。どんなプレーもいつも誰かに見られている。「プロは敵にも味方にも隙を見せるな」というわけだ。二軍落ちした際に自分で何が悪かったかわからない選手に対しては、「見込みなし」と斬り捨てる。**ダメなチームの共通点は、自分を正当化して「すぐ他人のせいにする」こと。**

「会社が悪い、上司が最低、同僚がアホやから仕事ができへん」でも、そういうあんたはどうなんだい。小宮山の生き様は見るものにそう問いかけてくる。

「ロジカルに熱く」それが私の生きる道

ロッテから横浜を経て、メジャー挑戦するも、30代後半にアメリカから帰ってきた翌年に所属が決まらず1年浪人。恩師バレンタイン監督が日本復帰した際に誘われて、38歳でロッテに戻ると44歳まで現役生活を続けた。己の未来は自分で選ぶ。

日本シリーズ初戦の日に早稲田大学大学院スポーツ科学研究科の試験を受けてから球場に駆け付け、合格した異端の男でもある。

通算117勝の内、04年からのマリーンズ復帰後にあげた白星はわずか10勝だけ。晩年はローテを外れ、中継ぎとして時に敗戦処理のような場面でも黙々とチームに求められる仕事をした。

元エースのプライドなんかどうでもいい。ただ試合で投げるのが楽しかったから。最後は自ら、尊敬するボビーに「あなたの力になろうと思ったのに力を貸せそうにない。本当に申し訳ない。いろいろとありがとうございました」と号泣しながら、現役引退の意志を告げた。

ロジカルに熱く自分の主張を臆することなく組織にぶつけ、ひとつの会社（球団）に依存することなく日米を渡り歩き、どんな環境に置かれようが、周囲からどう思われようが、**自分の好奇心に忠実に現役生活を全うする。**こんな中年男は格好いいなと思う。

生存POINT

言いたいことも言えないこんな会社と自分にサヨウナラ。

小宮山悟は、2019年1月に母校の早大野球部監督に就任。目の前の一球に魂を込める「一球入魂」のアマチュア野球の精神と、常にその先の状況を読んで毎日プレーするプロ野球。両方の世界を知る男は、プロ・アマの垣根を越え、令和の球界の一翼を担っている。

FILE #14

高橋由伸

天才打者から学ぶ「エリートのリアル」

PROFILE

たかはし・よしのぶ●1975年4月3日、千葉県千葉市生まれ。1997年にドラフト1位で読売ジャイアンツへ入団。入団1年目から6年連続でゴールデングラブ賞を獲得する。ガッツ溢れる守備だけでなく、芸術的なバッティングフォームと天才的な打撃は多くのファンを魅了し、巨人が誇るスター選手。現役引退後即、読売巨人軍第18代監督に就任し、3年間指揮を執る。現役と監督時代とを合わせて21年間、巨人軍の背番号24を背負い続けた。

抜群のセンスとスター性を兼ね備えていた高橋由伸

入社してすぐ仕事がバリバリにできて、名門大学出身のイケメンで、性格もいい。まさにエリートを絵に描いたような男。周囲はそんな彼を「天才」と呼んだ。元・巨人の高橋由伸である。プロデビューは、長嶋茂雄監督が指揮を執っていた1998年。まだテレビのゴールデンタイムで、毎晩のように巨人戦ナイター中継をやっていた時代の〝**地上波中継最後のスーパースター**〟だ。

中学時代はエースで4番を張り全国制覇、桐蔭学園では1年夏から甲子園出場するチームのクリーンナップを託され、慶應大学では六大学記録の23本塁打を放った。なのに、逆指名のドラフト1位でプロ入り後にさらっと「学生時代の挫折はなかったです」と爽やかスマイルを浮かべる男。

1年目から伝統の名門球団で松井秀喜や清原和博とクリーンアップを組み、ルーキー記録となる3本の満塁アーチを放ち、セ・リーグ新人では長嶋茂雄以来40年ぶりの打率3割をクリア。2年目は三冠王を狙える勢いで打ちまくり、終盤に守備時の故障で離脱するも34本塁打、98打点を記録した。オフに史上最速の年俸1億円に到達した3年目には、長嶋巨人の日本一の原動力となる。

野球少年たちは、その一本足打法だけでなく、背番号24が打球を追う際に負担にならないようグローブは普通の外野手よりひと回り小さく、手の甲の部分を革ではなくメッシュにしていると聞けばこぞって真似をしたがった。

ヤクルトの最年少三冠王・村上宗隆は『スポーツ報知』で引退後の由伸本人から取材を受け、幼少時はG党だったことを明かし、「僕、小さい頃は高橋由伸さんをすごく見ていて足の上げ方とかめっちゃマネしていました。憧れがあったので今すごい緊張しながら話してます」と初対面に感激を隠そうとしなかった。

ちびっ子たちだけでなく、企業もそんなプリンスを放っておくはずがなく、自動車、お菓子、ファッションブランドと広告業界を席巻。絶頂期のスーパーアイドル広末涼子とも明治製菓の広告で共演していた。

野球エリートに与えられた苦悩と試練

誰もが憧れる天才バッター。しかし、エリートにはエリートの苦悩がある。その過剰とも言える周囲からの期待に対して、プロ6年目に雑誌『Number』で、こんな愚痴をこぼしている。

「みんな、タイトルだとかトリプルスリー（打率3割・30本塁打・30盗塁）だとか言いますけど、いったい何を基準にして僕にそれを言うのって言いたくなりますよ（笑）。30盗塁なんて、絶対ムリでしょ。今のセ・リーグで30も走ったら、盗塁王ですよ。ホント、イメージだけですよね」（『Number』571）

そして、由伸は最後にこう付け足すのだ。**「夢と目標は違うんだよ、とも言いたくなる」**と。努力は人にアピールするもんじゃない。だが、天才と呼ばれるその裏では、猛練習を自らに課した。ノムさんの息子・野村克則が阪神から巨人へ移籍してきた際に驚いたのが、主力選手の由伸の異常とも思える練習量だった。そんなにやったら壊れてしまうんじゃないかと心配してしまうほど、いつまでもバッティング練習を続ける姿に、巨人の強さを垣間見た気がしたという。

すべてに恵まれたかのように見える野球人にだって、苦労もあれば、当然悩みもある。02年限りで1歳上の松井秀喜がＦＡ宣言してヤンキースへ。その直後に突然ゴジラから「巨人を離れることになった。だから、とりあえず次はお前がやれ」なんて次期選手会長の座を電話で無茶ぶり。

まぁいっか、となんとなく引き受けた役職だったが、直後に04年の球界再編騒動が起きる。あの時、1リーグ制を主導した巨人は完全な悪役だった。自チームのオーナーは球団削減に向けて突き進んでいる。しかし、選手会やファンは近鉄バファローズの存続を願い動いていた。いわば両者に挟まれ、由伸は疲弊した。

「正直、俺が会長の時に起こらなくってもいいのに……と愚痴りたくなるときはありましたね」

のちに『古田の様』（扶桑社）の中で球界再編の喧噪をそう振り返っている。立場的に神輿の上に乗らざるをえない苦悩。

思えば、15年オフの現役引退もそうだった。

このシーズン、40歳の背番号24は勝負どころの代打の切り札として、代打打率3割9分5厘と無類の勝負強さを発揮した。

青年監督として球団と自らの宿命を受け入れる

当然、まだ現役でできる。誰もがそう思い、由伸本人も翌シーズンに向けて後輩を連れての自主トレを予定していたほどだ。だが、V4を逃し2位に終わったことにより、原辰徳監督が辞任。さらに直後に所属選手の野球賭博事件も発覚してチームは混乱状態に陥る。そこで、球団が切ったカードは、若く華のある青年監督・高橋由伸での再出発だった。

シーズン終盤から次期監督候補として名前が挙がり、「次は俺かもなぁ」という予感はあったが、それが現実となり、現役引退してすぐ監督就任。

巨人では、75年の長嶋監督以来2人目のことだった。当時、生年月日が同じで仲が良かった元同僚の上原浩治が電話して「ほんとにいいの？」と聞くと、由伸は「仕方ないだろ」と笑ったという。

組織の事情を考えても俺がやるしかない。とは言っても、昨日までの同僚たちが、いきなり全員部下になるわけだ。先輩と後輩から、監督と選手の距離感には難しさもあった。在任中は16年2位、17年4位、18年3位。わずか3シーズンで辞任するが、40代前半の青年監督が賭博事件の喧噪の中でチームの世代交代を押し進め、最終年の18年序盤には23歳の岡本和真を4番に抜擢。最後まで動かさず使い続けた。

高橋由伸は誰もがうらやむエリートでイケメンの天才打者だったが、一度も打撃タイトルとは縁がなく、監督としても優勝を経験していない。いわば、**圧倒的な才能で常に神輿に乗ることを求められ、その都度なんとかそれに応えようとあがいた愚直で不器用な男がそこにはいた。**

あなたの会社にも、嫉妬する気すら起きない、すべてに恵まれたデキる同僚がいるかもしれない。でも、彼ら（彼女ら）なりの悩みはある。仕事ではスペシャルワンでも、家に帰れば普通の人間だ。**常に期待されてしまうことのしんどさ。**アイツならできて当たり前と思われてしまう理不尽さ。そのプレッシャーの中で彼らは日常を生きている。

地上波中継最後のスーパースター高橋由伸の栄光と憂鬱。いつの時代も、天才は儚く、エリートはつらいよ。近い将来、由伸監督の逆襲の再登板を待ちたい。

生存POINT

天才も人の子。嫉妬の目を向けるよりも、ほんの少しの気遣いを。

FILE #15

城島健司

日本人初のMLBキャッチャーから学ぶ「目上の人との付き合い方」

PROFILE

じょうじま・けんじ●1976年6月8日、長崎県佐世保市生まれ。1994年にドラフト1位でダイエー（現ソフトバンク）ホークスへ入団。捕手としてゴールデングラブ賞7年連続受賞と強肩強打を売りに、攻守にわたって安定した成績を残した。2006年から海を渡り、シアトル・マリナーズでもレギュラーとして活躍。2009年からは阪神タイガースで3年間プレー。現在は、球団会長付特別アドバイザーに就任。趣味は釣り。

夢と目標を掲げて、着実に一歩ずつ叶えた扇の要

尊敬する目上の社長や上司に対して、どう接するべきなのか?

日本人捕手としてはじめてメジャーリーガーとなった城島健司は、偉大な先輩に遠慮するのではなく、あえて自ら距離を縮め、その懐に飛び込んだ。新人時代のボス、王貞治監督に対してもそうだった。

泣く子も黙る国民的スーパースターに対して、周囲は過剰に気を遣い、意識的に距離を取った。だが、城島は違った。二人の関係に迫った『王の道』(メディアファクトリー)によると、ある時、敗戦に激高した城島がロッカールームで椅子を蹴ると、ドアを開けて入ってきた王のもとに飛んでしまった。

「おまえ、オレに向かって蹴ったのか!」

「違いますよ! 監督に向かってなんて、やっていません!」

20代の若者が、世界の王にも物怖じせず言い返す。そんなやんちゃな城島を王は可愛がった。

城島は子どもの頃からの熱狂的な王ファンだ。

背番号1のホームランビデオに夢中になり、中学3年時に長崎の佐世保球場での野球教室で王本人から「何も言うことはない。これでいい。このまま高校へ行って、卒業したらジャイアンツに来なさい」と誉められた城島少年は、一時は一本足打法に挑戦するほど世界の王に心酔する（フォームを崩して泣く泣く元の打ち方に戻すというオチがつくが……）。

ちなみに、書道4段の城島が高校の書道展に出品した作品は「王」の一文字。

そんな死にたいくらいに憧れた王貞治が新監督に就任したチームから、94年のドラフト会議で1位指名を受け、大学進学をとりやめダイエーホークス入団を決意。

とは言っても、プロ入りしてすぐ、先輩スラッガー秋山幸二の打撃練習の迫力に度肝を抜かれた城島は、1年目は一軍で12試合の出場のみ。二軍でもわずか1本塁打に終わったが、ここからこの男の逆襲がはじまる。

「チームには70人の選手がいる。オレは今70番目でも、まず69番目の選手を追い抜こう。その次は68番目。時間がかかってもいい、今はそうやって1人ずつ着実に追い抜いていくしかない」（『スーパーキャッチャー城島健司』学研プラス）と腹を括り、2年目の96年には二軍でウエスタン・リーグ新記録の25本塁打を放つのだ。

王監督は若菜嘉晴をバッテリーコーチとして招き、ロッテから「動く見本」としてベテラン捕手の田村藤夫も獲得。チーム全体で城島を正捕手に育てようとバックアップ体制を整え、本人もガムシャラにその期待に応える。

3年目には打率3割を記録し、捕手として史上最年少のファン投票でのオールスター出場も果たす。

しかし、打撃には定評があった城島もリードやキャッチングではベテラン投手たちから酷評された。だが、ここでジョーは不貞腐れるのではなく、年上の投手陣に食らいつくのだ。

当時のエース格だった工藤公康や武田一浩の部屋を訪ね、「教えてください」と部屋のチャイムを鳴らしても、最初はドアを開けてくれすらしない。そこで城島は彼らが他のチームメイトをご飯に誘っている時、その場に立っていたり、さりげなく通り過ぎる行動を繰り返す。やがて根負けした先輩は「なにをしてるんだ？」と声をかけてくれるようになる。

まるで同じクラスの好きな女子に猛烈アピールする中学生男子のような貪欲さで、距離を縮めることに成功した城島は、**ベテラン投手陣から叱られながらレクチャーを受け、猛スピードで球界最高の捕手に成長していく**ことになる。

上司や先輩に積極果敢に接していったジョー

野球選手にとって折れない性格もひとつの才能だ。

常にポジティブでハングリーな姿勢が実り、99年には全試合出場でチームの初日本一に貢献。01年には初の30本塁打をクリア。03年には捕手としては野村克也以来となる全試合フルイニング出場を達成し、打率3割3分0厘、34本塁打、119点という凄まじい成績でMVPにも輝いた。プロ生活18年、日米通算1837安打、292本塁打。

どうしてもその規格外の打力が注目されがちだが、強肩ぶりも図抜けており、02年には盗塁阻止率5割超え（63企画32刺殺）を記録。99年から05年まで7年連続でパ・リーグのゴールデングラブ賞にも輝いている。そんな数々の栄光の歴史も、**若手時代に上司や先輩の胸に飛び込む**ことからはじまったのだ。

引退後は球界と距離を置き、幼少の頃に父親に教えてもらった趣味の釣りに没頭。『城島健司のJ的な釣りテレビ』（RKB毎日放送）では、晴れ晴れとした表情で子どもたちに魚釣りを教え、自ら嬉しそうに包丁を握り魚をさばく悠々自適の生活を送っていたが、ソフトバンクホークスの王会長からの度重なるラブコールもあり、球団会長付特別アドバイザーとして現場復帰を決意する。

新役職で臨むキャンプ初日、城島はジーパンで来て、いきなり王会長から激怒されてしまう。40過ぎの球団会長付アドバイザーが、80歳近い会長から真剣に怒られる風景。「周りがいうには『久しぶりに会長が怒ったのを見た』とか。僕らしいでしょ」なんて笑う白髪混じりの城島。お互い年は重ねたが、偉大な王会長との信頼関係はなにも変わっちゃいない。

憧れの人だから、尊敬する上司だから、緊張して話せないではもったいない。最高の教科書が目の前にある。だったら、思い切って懐に飛び込むべきだ。どの世界も成功者は孤独である。遠慮されることに飽きている。
もちろん、**最低限の礼儀は守りつつ、果敢にアタック。**明日こそ社長室のドアをノックだ。一度きりの社会人人生。気になるおネエちゃんと尊敬する先輩には、当たって砕けろなのである。

生存POINT

GO FOR BROKE！（当たって砕けろ）

FILE #16

「ランディ・メッセンジャー」

虎のタフネス右腕から学ぶ「新しい環境での仕事術」

PROFILE

Randy Messenger●1981年8月13日、アメリカ合衆国ネバダ州生まれ。MLB時代の同僚であった、城島健司のすすめで日本球界に挑戦し、阪神タイガースで10年間プレー。当初は中継ぎでの起用であったが、先発転向後に開花。8年連続規定投球回到達、5年連続で開幕投手を務めるなど、衰え知らずのスタミナと抜群の安定感を披露。また、外国人投手としての公式戦通算奪三振数、シーズン奪三振記録を保持。

大切なことは、すべてラーメンが教えてくれた

「モヤシなし、ネギ抜きでお願いシマス」

その外国人投手は、来日してかなり早い段階でこの日本語を覚えたという。好きな具材は、フライドガーリック（ニンニクチップ）とスピニッチ（ほうれん草）。モヤシを入れるとせっかくのスープの味が損なわれてしまうからノーサンキュー。はじめての店を訪れた際、メニュー写真がない場合は、すでに食べているお客さんのラーメンボウルを素早く観察し、モヤシやネギ、さらに生タマネギやメンマといった苦手な具材が入っていないか瞬時に見極めオーダーする。

集中力と判断力が問われる緊張の瞬間だ。

遠征で訪れる土地のラーメン屋はこまめにリサーチするが、グルメサイトの星の数はあくまで参考程度にとどめ、最後はたくさんのラーメンを食べ歩いてきた自分の勘を信じる。

信じるのは己の集中力と判断力、それに経験と勘。

まるで人生に必要なことは、すべてラーメンから学んだ男。そんな元阪神の外国人エースは自著の中でも、日本で出合ったこのソウルフードについて語り尽くしている。２０１０年から19年までの在籍10シーズンで７度の２ケタ勝利を記録した背番号54は、先発前日は必ずラーメンを食べていた。

甲子園の選手プロデュースメニューは、もちろん豚骨醤油ラーメンだ。「メッセ盛りで」と注文すると麺とチャーシューが２倍の大盛仕様で出てくる。ちなみに一番気に入っているラーメン屋は、味にバラツキのない横浜の『吉村家』。

先発投手もラーメン屋も安定感が生命線なのである。

身長１９８㎝、体重１０９kgのラーメンボディーを誇る巨漢右腕は、リトルリーグ時代はショートを守り、アメフトやバスケットにも熱中する典型的なアメリカのスポーツ少年だった。父親の仕事の関係で小学校の低学年だけでも６度も転校したという。

メッセンジャーの新しい環境への適応力、郷に入れば郷に従え、異国の地のラーメンも恐れず音を立てて啜る……という生きる上での柔軟なスタンスの原点には、幼少期の度重なる転校体験があったのではないだろうか。

日本へ行く前年は、シアトル・マリナーズに在籍。MLB複数球団を渡り歩くも、07年の60試合をピークに年々登板数は減少し、中継ぎ投手としてなかなか定着できず、メジャーの夢と3Aの現実との狭間でくすぶっていた。そろそろ野球選手としてはリタイア後の第二の人生も考える年齢だ。

当時28歳のメッセも己の未来に不安を抱く。しかも、1人目の子どもが生まれたばかり。妻のお腹には2人目の子もいて、まだまだ稼ぐ必要があった。

3Aの打撃コーチをしていたアロンゾ・パウエル（元中日）から日本行きをすすめられたり、9月のメジャー昇格後にバッテリーを組んだ城島健司は、クラブハウスで通訳を含め話した際に「お前にその気があるならNPB球団に推薦するぞ」とまで言ってくれた。

のちに『週刊ベースボール』で外国人選手としてははじめて、『Messe's Road』という連載コーナーを持つことになるが、その中で「日本でプレーする外国人の選手たちの中の99・9％は、早い時期にメジャーに復帰したい、もしくはメジャーに再挑戦したい、という気持ちで来日していると思うんだ。僕も、最初のうちはそうだった」と告白している。

しかし、阪神入団直後の10年シーズンは、慣れない日本の軟らかいマウンドに戸惑い、リリーバーとして結果が残せず4月後半にはもう二軍落ち。鳴尾浜球場で若手選手たちと練習していると、さすがに強い危機感を抱く。「おいおいオレは日本に来てもまたマイナー生活じゃねえか……」と。

後がなくなったメッセンジャーは、パワーで押すより低めに細かい制球力を身につけることを意識し、久保康生投手コーチから「縦のカーブを取り入れ配球に緩急をつける」ことを助言されると素直に従ったという。

幸運なことに、しばらくすると一軍の先発枠に空きが出た。6月のある日、首脳陣に呼ばれ先発転向を打診されたメッセンジャーは、「明日から、先発をやります！」と快諾する。なぜなら、それ以外に阪神で生き残る術はなかったからだ。

これまで、二軍落ちに自暴自棄になったり、起用法を巡り「契約時の話と違うぜボス」なんて首脳陣批判をかまして数ヶ月で帰国した助っ人選手は数多い。だが、メッセンジャーは現実と日本野球に合わせたモデルチェンジを受け入れた。

7月に一軍再昇格すると、14試合で5勝をマーク。アメリカ時代からバッテリーを組む城島が、その年から阪神で日本球界に復帰していたことも追い風となった。無事2年目の契約を勝ち取り、そこから5年連続を含む6度の開幕投手を務め、外国人投手ではじめて8年連続の規定投球回到達を成し遂げることになる。

結果を残すことで固いオムレツが出てくるように

最高時は年俸3億5000万円と十分な契約を用意してくれた阪神に感謝するのはもちろん、日本球界の慣習も気に入っていた。先発登板の間に1度休日が入り、登板しない日のチーム練習後、自分の練習や、次の登板へ向けての準備が終わりさえすれば帰宅できる。いわゆる〝あがり〟という日本独特のシステムのおかげで、4人の子どもたちともゆっくり過ごす時間ができた。

来日後数年は、精神的に不安定な時もあったが歳を重ねる内に落ち着き、やがて若手選手の先生役も担うようになる。自著の中で、キャッチボールやランニングの重要性を熱心に教える理由をこう書く。

「（タイガースのヤングマンたちは）オレの話を聞いても、もうひとつピンとこないかもしれない。それはわかる。なぜなら自分も若い頃、そうだったから。でも、ある日を境に『あっ！　メッセはあのとき、このことを言っていたのか！』と思う日が来ると思う。そして、理解する時期は君たちがユニフォームを着ている間であってほしいんだ。時間はいつまでも待ってくれない。だから口うるさいかもしれないけど、言い続けるよ」（『ランディ・メッセンジャー〜すべてはタイガースのために』洋泉社）

そして、阪神投手陣をど真ん中で支えた男はふと過去を振り返るのだ。

「日本に来た時はまだ20代。まさか、自分が若い選手にこんなことを言うおじさんになるなんて、あの頃は想像できなかった」と。

気が付けば、目の前には夢中でころがりやっと掴んだ記録の数々が並んでいる。19年限りで現役引退した際には、甲子園で引退試合とセレモニーが開催されたが、85年の歴史を持つ球団において、引退試合で送り出された外国人選手ははじめてである。28歳の青年は38歳のベテラン投手となり、チームメートから胴上げされ、10年間にわたる長い日本生活に別れを告げた。

ちなみに来日1年目のキャンプ初日、同僚外国人のマット・マートンと宿舎で朝食のオムレツとベーコンを口にした瞬間、二人とも唖然とする。アメリカではしっかりと熱を通すのが常識のオムレツは半熟で、ベーコンもカリカリではなくハムのようにしなっていた。

「メッセ、これはいったい……」
「言いたいことはわかるぞ、マートン」

なんつって思わず顔を見合わせる助っ人コンビ。
彼らは日本式にトライしてみる一方で、アメリカ人が好むオムレツとベーコンの調理法を控え目にやんわりとしたトーンでチームスタッフに伝え続けた。すると、ともに主力として定着した数年後、念願が叶ってホテルのバイキングに固いオムレツとカリカリベーコンが並ぶようになったという。ついにやったぞと手を取り合い喜ぶ男たち。野球だけでなく、チーム内の食をめぐる攻防戦にも勝ってみせたのだ。

仕事のやり方でも、オムレツの固さでも自分の希望がある場合は、**結果を残して地道にアピールし続ける心の余裕はマジで大事。**焦っては負け。就職や転職で会社を動き、環境が変わった時は、以前いた場所と比べて嘆くのではなく、気分転換を兼ねて散歩がてらランチで新しい店でも開拓すればいい。

忙しい時こそ、しっかり腹ごしらえだ。

そこから新しい何かがはじまる可能性だってゼロじゃない。ラーメン屋探しから日本好きになったメッセンジャーのように——。

飯は人生を救う。今日の昼に食べる一杯のラーメンが、あなたの社会人ライフを劇的に変えるきっかけになるかもしれないのである。

生存POINT

腹が減っては仕事ができぬ。腹が立ったら、まずは腹ごしらえだ。

FILE #17

坂本勇人

昭和、平成、令和と移り変わる価値観
コンプラが蔓延るこの世の中で……

PROFILE

さかもと・はやと●1988年12月14日、兵庫県伊丹市生まれ。2006年にドラフト1位で読売ジャイアンツへ入団。高卒2年目から遊撃手の不動のレギュラーとして定着。セ・リーグの遊撃手としては、史上初の首位打者を獲得。2019年にはリーグ優勝と合わせ、MVPを受賞。翌年、右打者では最年少となる31歳10ヶ月で通算2000安打を達成。東京五輪でもチームの中心選手として、金メダルを獲得に貢献。

"遊んでナンボ"が崩れた令和のプロ野球選手像

自分たちが若者だった頃、世の中はだいぶユルかった。

そんなここ数年の価値観の急激な変化に戸惑う30〜40代の中堅社員は多いのではないだろうか。正直、79年生まれの自分が就職した2000年代前半、飲んだ帰りは風俗で締め的な社内のノリは当たり前で、合コンでおネエちゃんのお持ち帰り自慢をするような先輩も普通にいた。上司からの罵倒、過度な残業は日常茶飯事、制作系の仕事であれば、社内泊まり込みも珍しくはなかった。

今だったら、**「パワハラ・モラハラ・セクハラ」の不祥事三冠王**である。

そういう環境で育ったから、いざ自分が管理職の側になると、部下の若い社員にどう接していいかわからない。あの頃のように適当に飲みに連れて行って、とりあえずキャバクラへなんて手法はもう通用しないからだ。仕事は寝る間を惜しんでバリバリ働き、プライベートでは特定の恋人はつくらず、めちゃくちゃ遊び歩いています。そんな先輩は尊敬ではなく、もはや軽蔑の対象ですらある。

巨人の坂本勇人のようにだ。昨秋、『週刊文春』により女性スキャンダルが明らかになり、ネットを中心に叩かれた。坂本は88年12月生まれの34歳である。ギリ昭和生まれの価値観。一昔前なら「まあこれが野球選手でしょ」でスルーされていたことが、今は正義の押し売りＳＮＳを中心に炎上する。プロ野球選手は遊んでナンボという時代は完全に終わったのだ。

さらに間が悪いことに、坂本は本職の野球でも正念場の立場にいる。球界最高のショートストップとして19歳でレギュラー獲得後、20年には31歳10ヶ月のセ・リーグ史上最年少で通算２０００安打達成。球界の盟主のキャプテンを務め、年俸は６億円にまで到達。21年には、１７７８試合の遊撃手通算最多出場記録を樹立した順風満帆なキャリアだ。

しかし、昨季は左内腹斜筋筋損傷、右膝内側側副じん帯損傷、腰痛と３度離脱し、追い打ちをかけるように終盤には哀しみの文春砲スキャンダル……。83試合で打率２８６、５本塁打、33打点というレギュラー定着後、最低の成績に終わった。

世代交代とコンプライアンスの間で……

つい数年前は会社の顔として部署の中心を担っていたのに、いまやコンバート案や若手との世代交代が囁かれる立場に。若い頃は、やんちゃな私生活がある程度は許されても、30代中盤にもなると「いったいいつまで遊んでいるんだ」と社会的な信用を失う大人の事情。

いまやチームリーダーには仕事の結果はもちろん、節度あるプライベートも求められる。それでも遊びたいなら周囲にバレないように、とにかく部室のノリで社内で若い頃の武勇伝を語るような価値観は許容されないだろう。

現代の社会人、気を付けよう女遊びにSNSの使い方。どちらもほどほどに。できればやらないにこしたことはないけど、やるならしっかりマイルールを守る。ムラムラきたら素人じゃなくお店のプロ相手に……じゃなくて、酔っ払っている時はツイートしないとか、怒りや不満をそのままスマホにぶつけるのはやめようとかその手の自制ルールだ。

SNSはゲームやタバコと同じ嗜好品みたいなもので、ハマった時期は中毒的に求めるが、一度断つと素に戻り「自分はなぜあそこまで夢中になったのだろう」と疑問にすら思ってしまう。

イベントまで行っていたお気に入りのアイドル写真集も、IT社長相手のスキャンダル発覚と同時にただの紙キレになっちまうあの感じ。のめり込んで、仕事の不満をSNSで吐き出す前に、この情報を社外に出してもいいのか考える冷静さは忘れないでいたい。

自分たちの若い頃は……って、それは会社の席じゃなく、同窓会の席で共有すればいい。若い頃は周囲も女性関係に寛容だったし、SNSはまだ存在すらしなかった。そんなユルい過去を生きた中年世代にとって、**仕事だけでなく、プライベートも現代の価値観にアップデートしたいものである。**もちろん、自戒をこめて。

生存 POINT

〝人生の嗜好品〟を見つけよう。
今こそ、ライフスタイルのアップデートを！

漢・村田から学ぶ「追い込まれてからの振る舞い」

COLUMN

「巨人、村田修一内野手と契約結ばず」

17年10月13日夜、新幹線車内で文字ニュースが流れる中、ノートパソコンを開いて「村田、自由契約」の原稿を書いたのをよく覚えている。その年の背番号25は14本塁打を放っており、通算2000安打までは残り135本と迫っていた。誰がどう見てもまだ現役で充分できる印象だった。

なんだか熟年離婚のような終わり方だなと思った。愛や怒りというより、そこにあるのは悲しい大人のリアル。17年の巨人は11年ぶりのBクラスに沈み、チームの若返りが急務だった。来季は構想外。せめて動きやすいフリーの立場で新天地を探してほしい。巨人側のせめてもの優しさ。

だが、**中途半端な優しさは時に人を傷つける。**

理由はどうあれ、在籍6年間で3度の優勝に貢献した功労者を襲った突然のリストラ。にもかかわらず、村田は「ハッキリ言ってくださって、ありがとうございます」とコメントを残した。凄い男だ。クビにされて、こんな立派な台詞を言う自信は俺にはない。

最後のすかしっ屁のように、恨みつらみをツイートして喧嘩別れをするかもしれない。もしも、切られた本人がマスコミに向けて怒りをぶちまけていたら、当然ファンは同調して荒れていただろう。けど、村田の冷静な態度に球団もファンも救われた。

結局、NPB球団からのオファーはなく、18年はBCリーグの栃木ゴールデンブレーブスで再出発を切ることになった。現地では球場前でパイプ椅子に座って即席の青空サイン会を開き、地元のお爺ちゃんに笑顔で声をかける。本人にインタビューをすると、気さくにスーパーで、「おっ、刺身があるな。20%オフか。

今日食えればこれはちょっと安くつくなみたいなのは楽しいですかね」なんつって37年間の人生ではじめての単身赴任生活を笑ってみせる。〞漢・村田〞というより、〞大人・村田〞がそこにいた。

現状を愚痴ったり、通算360本塁打の実績やプライドにすがるのではなく、若手に混じり懸命にプレーしながらオファーを待つも吉報届かず。

18年9月9日、栃木のホーム小山運動公園野球場で盛大な引退セレモニーが行われ、9月28日には東京ドームでの巨人対DeNA戦でお別れイベントが開催された。試合は日大の後輩・長野久義のサヨナラ弾で決着が着いた直後、ライトアップ等の演出は一切なく、ナチュラルにグラウンドを歩くスーツ姿の村田さん。右翼席前に差し掛かると巨人時代の応援歌、次に左翼席からは懐かしの横浜時代の応援歌が流れる。主役は応援歌のリズムに合わせ、自ら拳を振り上げ涙を流して泣いていた。

なんなんだこれは……。正直、ワケがわからない。だって、クビになった会社から約1年後に盛大な送別会をしてもらうなんて、そんな話は聞いたことがない。バッドエンドのはずなのに、終わってみればみんな涙と笑顔のハッピーエンドになってるこの感じ。最後まで村田さんらしいなと思った。

ホームランと同じレベルで芸術的ゲッツーが人気を呼び、NPB復帰は叶わずとも、その七転八倒の野球人生が共感を呼ぶ。いわば、〝失敗をエンタメ化したプロ野球選手〟だった。いや、ファンとミスをワリカンした男と言ってもいい。

我々は人生でゲッツーを打った時も、決して諦めずに打席に立ち続ける大切さを村田修一の背中から学んだのである。

プロ野球から学ぶ
リーダーの
生存戦略

第4章

セカンドライフを切り拓け！
去り際とアフターキャリア

プロ野球の世界で引退のまで華を飾れる選手はごく一握り。
現役へ最後までこだわる選手、晩節を汚さずに選手生活を終える選手。
いつの日にかは必ずやってくる「引退」の時。だが、引退が終わりではなく、
第二の人生がはじまりである。ビジネスマンであっても遠からず
定年退職が訪れる。（そうも言っていられない時代が訪れつつもあるが……）
本章では、男たちの去り際、そして引退後のセカンドキャリアから
学べるポイントを示していく。

FILE #18

里崎智也

下克上人生から学ぶ「エリートの倒し方」と YouTuberサクセスストーリー

PROFILE

さとざき・ともや●1976年5月20日、徳島県鳴門市生まれ。千葉ロッテマリーンズ一筋、15年。リーグ優勝1回、日本一2回に貢献。特に2010年にはリーグ3位からの日本一という「史上最大の下克上」にも絶対的司令塔として攻守で活躍。2006年の第1回WBCでも捕手として出場し、優勝を手にする。引退後の現在は、自身のYouTubeチャンネル「里崎チャンネル」が人気を博している。

戦える環境で戦うという生存戦略を地でいく男

「理想は幻想っすよ」

何年か前、元プロ野球選手へのインタビューで「新社会人に何かアドバイスはありますか?」と聞いたら、そんなド直球の答えが返って来た。どの社会も実績のないルーキーの主張なんて聞いてくれるわけがない。まずは結果を出してから。「なんでもかんでも最初から思い通りにならないですよ。頑張って努力して、やりたくないこともやって、はじめて自分のやりたいことの理想像が現実になるだけだから、目先じゃなく**10年後の自分をイメージして今頑張れ**って」と里崎智也は笑ったのだった。

元ロッテの正捕手としてリーグ3位からの下克上日本一を経験、世界一に輝いたWBCでは大会ベストナインにも選出された。引退後はYouTube『里崎チャンネル』

が球界トップクラスの登録者数を誇る男。

バッテリーの呼吸が合わない場合はどうするのかと聞けば、「合う合わないじゃない。合わせるんです。**合わせてもらわなきゃ自分の力が出せないなんて二流**ですよ」と即答。営業パーソンにとってのクライアントだって同じでしょというわけだ。

そんなリアリスト里崎はプロは、試合に出てナンボだと、あえてドラフト当時「弱いチーム」のロッテを逆指名してプロ入りした。客観的に見て、アマ球界のスター選手でもなかった自分が、古田敦也や城島健司といったスーパーキャッチャーがいる球団へ行ったら、その地位を奪うのは不可能だろう。

自著で、里崎はこう書く。

「**僕がロッテを選んだように、自分が戦える環境を選ぶのも、エリートを倒し、一番になれる戦略の一つです**」

（『エリートの倒し方　天才じゃなくても世界一になれた僕の思考術50』　飛鳥新社）

選手生活から得た「責任を取る」という意味

そんな里崎はいわば遅咲きの選手だった。プロ入り当初は2度の手術をするほど故障に悩まされ満足にプレーすらできない日々。だが、29歳で迎えた第1回WBCでの大活躍をきっかけに、己の人生を変えてみせた。

14年の引退まで最終的に4度も手術を経験したキャリアを里崎は「遠回りしたからこそ、見える景色がある」と振り返る。

ケガをしている間、筋トレで基礎体力をアップさせ、試合をバックネット裏から配球を研究しリードの勉強もできた。エリートや天才は目的地まで最短距離を突っ走るが、自分のような凡才は時間をかけて迂回しながら登っていく。その間に経験できることだってあるだろう。**人生何がプラスになって、何がマイナスになるかなんて、やってみないとわからない。**

野球選手なら突然二軍落ちを命じられたり、配置転換もある。会社員だって納得できない異動や転勤は数多い。そこでやってられないよと腐ってしまうか、この遠回りもいい経験だと思えるかが運命を分けるのだ。

なお、球団という組織で生きてきた里崎流の信頼できない監督やコーチの見分け方は、すぐ「責任は俺が取る」とか口にする奴。そういうおじさんに限って曖昧なことしか指示しない。「責任を取る」と言う人は、たいした権限もないのに「責任」という言葉が大好きで言い訳に使っているだけ。

一種の思考停止だ。そんな上司が信用できるわけがない。

たしかに、バッテリーを組んだ後輩の投手に「俺が責任を取るから」とサインを出して打たれて、オフにその投手がクビになったら責任なんか取りようがない。**自分も相手も責任を取らずにすむような方法を考えるのがプロの仕事**だろう。考えて考えて考え抜いて、己の未来を切り開く。

注目度の低いロッテでプレーしたからこそ、里崎はどうすれば目立つか必死に考えた。そして、各テレビ局で夜にスポーツ番組を放送する日曜日を選び、試合後に球場前の特設ステージでライブを開き歌ってみせるのだ。

巨人や阪神みたいな人気球団ならヒット1本でスポーツ紙の一面をとれるが、当時のロッテは普通のやり方じゃ相手にすらしてもらえない。だったら、マスコミから注目されることを自ら仕掛けてやる。自分たち中小企業が大企業に勝ちたいのなら、ユニークな工夫が必要だ。まさにとことん下克上人生である。

引退後のYouTubeが大成功した理由

地上波テレビのプロ野球中継も激減した今、一昔前のように〝元巨人〟という肩書きだけで飯が食える時代はとっくに終わっている。評論の場の新聞や雑誌もすでにネット展開が主流で、ＣＳ放送や動画配信の解説も一昔前の地上波テレビと比べたらギャラは格安だ。

そんな中、里崎は14年の引退直後に「〝便利屋〟になると誓い、仕事を選ばず、**依頼が来たらなんでも引き受けよう**」というスタンスで独立した。

なぜなら、野球関連の仕事の椅子の数は決まっているし、自分は超一流選手じゃなかったので、仕事を選んでいる場合じゃないから。自らスマホで依頼を受け、便利屋になって、日頃から顔繋ぎをしておくと、いざという時に手を貸してもらえるかもしれない。宝くじは買わなきゃ当たらないように、まずは自分から積極的に動かなきゃ何もはじまらないのだ。

チャンスは待つのではなく己でつくってナンボ。ここでも里崎はズバリ言うのだ。

「実力さえあれば評価してもらえると考える人もいますが、それはウソです」と。

いまや球界トップYouTuberとなった自身のチャンネル制作も、引退から5年後の19年3月に開始。大御所ＯＢがやらないような場所をあえてガツガツ攻めて、登録者数を増やしていった。

名物コーナーの「12球団全試合総チェック」では、「誰にでもできることだけど、誰もがやりたがらない面倒なことを、じみ〜にコツコツやってきた」と『YouTube『里崎チャンネル』はなぜ当たったのか　再び1億円プレイヤーになるまでにしたこと全部』（徳間書店）でその裏側を書く。

誰もやらないことを見つけたら、チャンスでしかない。予算が求められる大物ゲストを呼ぶのではなく、ここでも頭を使って考えた企画で勝負する。

何か要領のいいノウハウでもあるんでしょ？

なんて思われがちなYouTuber里崎の快進撃だが、実際は成功まで辿り着く前に試行錯誤を繰り返し、自分だけの方法論を確立していく。選手時代、まずはひたすら地味な練習を重ね、技術のコツを習得していったようにだ。

もちろん、コーチもアドバイスはくれる。だが、それをどう取り入れ、応用させていくかは自分次第。だから、経験が不足している若い人ほど、がむしゃらに**「質より量をこなすこと」で、まずはコツを掴むしかない。**

実はこれは物書きでも同じである。最初から効率性を重視するような若手ライターは長続きしない。なぜなら、最初は綺麗ごとじゃなく、「安い原稿料でも体力の続く限り本数を書きまくって技術を体で覚えてく」しかないからだ。

とはいっても、**職場で努力アピールなんかする必要はない。だって、やって当たり前だから。**悲しいけど、仕事って地味な練習を積み重ねてはじめて打席に立つ機会を与えられる。で、そこでポテンヒットでも送りバントでも何らかの結果を残して、階段を上がっていくのだ。

最初から特大ホームランは打てねぇよ。いきなりエース級の活躍なんて、理想は幻想。プロ野球選手も、YouTuberも、会社員も、物書きも、スタートから「量より質」に逃げるヤツに明日はないっすよ。

生存 POINT

「質」に逃げるな、「量」を笑うな。成功までの試行錯誤こそが糧になる。

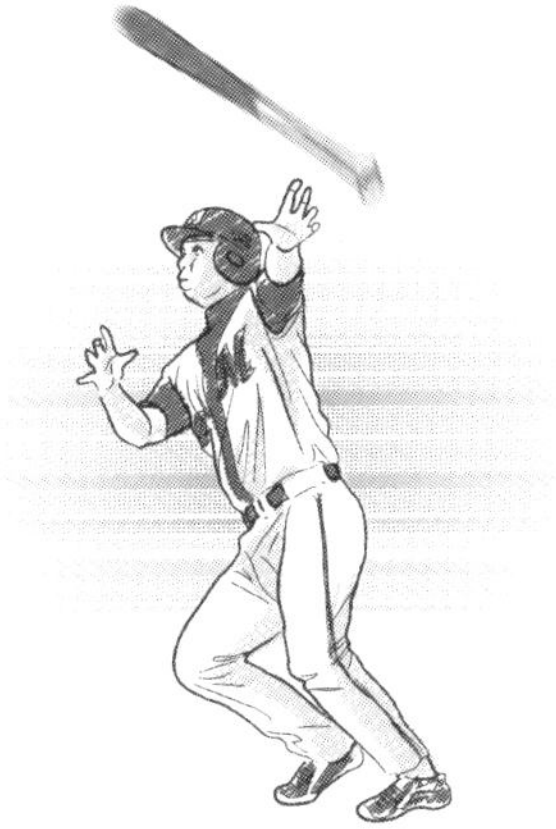

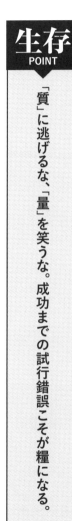

FILE #19

山本 昌

中年の星から学ぶデキる男の「大人の趣味」との付き合い方

PROFILE

やまもと・まさ（本名：山本昌広）●1965年8月11日、神奈川県茅ヶ崎市生まれ。現役32年間（実働29年）のすべてを中日ドラゴンズに捧げ、通算219勝。沢村賞・最多勝・最優秀防御率・最多奪三振など数多くの投手タイトルを獲得するとともに、ノーヒットノーランなどの多くの投手の史上最年長記録を保持する。NPB史上初となる50代での登板も達成したレジェンド左腕。

長い現役で輝き続ける秘訣は多趣味にあった

あなたの趣味は何ですか？

就活中の面接、転職先での新しい同僚との挨拶、ガールズバーでの探り合いの会話と、大人になるとあらゆるシーンで聞かれるこの質問。

映画鑑賞や音楽鑑賞じゃベタすぎるし、スポーツジムも平日夜はなかなか行けないし、旅行というほどコロナ禍以降は出掛けていない。

というわけで、友人は一時期「趣味は風呂掃除です」と答えていたらしい。いや意味不明だ。ガチなのかギャグなのかすらわからない。それくらい、〝大人の趣味〟の定義は難しい。毎日規則正しく自炊するとか、酒を飲むとか、毎晩エロ動画を観ていますって、それは趣味じゃなく日常生活の一部だし、なにより**社会人になると趣味のために一定の時間を確保するのが難しくなってくる。**いったい大人は己の〝仕事と趣味〟とどう付き合えばいいのだろうか？

そんな永遠の深いテーマを解決するヒントを、元・中日ドラゴンズの219勝サウスポー山本昌から学ぶことができる。

竜一筋32年間の現役生活を続け、49歳0ヶ月で先発勝利、50歳1ヶ月26日で先発登板といった数々の球界最年長記録を保持する山本昌は、とにかく多趣味で知られている。

クワガタのブリーダー、競馬、歴史、さらにゲームも好きで以前出演したTV番組では「ドラクエはレベル99まで上げないと気がすまない」なんてクレイジーな発言をして話題となった。高校時代まではプロ野球ファンの1人として、授業中にこっそりドラフト会議のラジオ中継を聴きながら、12球団の上位指名表をつくって楽しんでいた意外な一面も。

83年秋、あぁ今年のドラフトも楽しかったなぁ……なんつって下校する直前に、自身が中日から5位指名されたことを知った。なお、プロ入り後も寝る前に選手名鑑を熟読する趣味があり、あっという間に同僚選手たちの経歴を覚えてしまい、「なんでそんな情報を知ってるんすか？」と不気味がられるほどだったという。

趣味での学びを仕事に活かすためには？

そんな球界きってのマニア気質で凝り性の昌さんが、最もハマったと自著『笑顔の習慣34 仕事と趣味と僕と野球』（内外出版社）で紹介するのがラジコンだ。

2年連続最多勝に輝いた栄光から一転、翌95年に故障して失意のリハビリ生活を送っていた時期、近所を散歩していたらラジコンサーキットを見つけて何気なく立ち寄る。そこで愛好家たちに誘われ、試しにやってみると瞬く間にラジコンの奥深さに魅かれていくのである。

愛好家たちは他に本職の仕事を持ったアマチュアにも関らず、ラジコンノートに詳細な走行データを記録してコンマ1秒のタイムを縮めようと没頭する。その求道者のような姿勢に昌さんは「俺はプロにも関わらず、彼らのラジコンほど野球を追究していないんじゃないのか」と気付かされ愕然とするわけだ。

マシンの部品をどれだけ調整しても、思ったような結果が得られない時がある。だが、そのセッティングがうまくいかないとわかっただけでも、調整は進んでいるのだ。レジェンド左腕は、ラジコンから**失敗を繰り返して前進する意味**を学んだ。そして、それからはひとつ上のレベルで野球と向き合えるようになったという。


趣味のラジコンをきっかけに本職の野球人生を変えた男。一度好きになったらとことん突き詰める性分の昌さんは、２００２年には約２０００人が参加したラジコンの全日本選手権で４位入賞を果たす。

だが、現役晩年はラジコンを封印していたため、引退後に久々に復帰した大会では50人中39位と惨敗を喫する（なんと優勝は中学生）。

しかし、ここで折れないのが50歳まで現役を続けた山本昌の真骨頂だ。かつてのチームメイト山崎武司とラジコン大会〝山山杯〟を復活させ、ＣＳ放送フジテレビＯＮＥでは『山本昌のラジ魂道場』という冠番組まで持った。

中学生に負けたことにより、再び火がついたラジコン熱。地元東海テレビでは、こちらも趣味を生かした昆虫採集で子ども達と野外ロケに出かけ、カブトムシとクワガタを捕りまくる姿も話題に。さらに野球解説の合間を縫って、食レポや講演会にも飛び回る日々だ。

「まずは、トライ!」そこから見えてくるものがある

そのいつ何時、誰とでも戦う山本昌イズムの根底にあるのは、過去に縛られないこと。偉大な実績を残した野球を基準にすると、それ以外の選択肢を考えられなくなってしまう。

大切なのは、**昔の栄光を振り返ることではなく、今〝とりあえずなんでもやってみる〟**という前向きな姿勢である。野球解説だけではなかなか食べていけないこの時代、元プロ野球選手、いやすべての中年男に必要なのはカテェ〝**プライド**〟より**も、柔らかい〝好奇心〟**だ。

そうか、大人の趣味に対してひとつの結論が出た気がする。年齢を重ねるとどうしても「今さらこんなことできねぇよなぁ」なんて思いがち。いや格好付けたってしょうがない。筋トレ、ロードバイク、野球観戦、洗体エステとか少しでも興味を持ったらとりあえずなんでもいいから一度チャレンジしてみた方がいい。昌さんの本にも「初体験をやってみる」という章があるくらいだ。いや下ネタじゃなくて、「なにか面白そうなものを見つけた時、まずは気楽にやってみてほしい」と。30代じゃ遅い、40代からじゃ恥ずかしい……って冷静に見たらまだ人生の折り返し地点にも来てないからね、俺ら。

愛は地球を救う。それと同じく**趣味は社会人を救う**のである。

生存 POINT

趣味は明日の仕事のガソリンだ。常に何事にも興味と関心を！

FILE #20

落合博満

契約はドライに、引き際はキレイに「オレ流仕事術」

PROFILE

おちあい・ひろみつ●1953年12月9日、秋田県南秋田郡潟西村（現：男鹿市）生まれ。現役時代はロッテ、中日、巨人、日本ハムの4球団に所属。プロ野球史上初となる3度の三冠王を達成し数多くの打撃タイトルを手中に収める。2004年より中日ドラゴンズ監督に就任。初年度にリーグ優勝、任期の間は8年連続Aクラス入り、2年連続リーグ優勝を成し遂げ、中日ドラゴンズの黄金期を築いた。

自分のスタイルを貫き通した〝オレ流〟の原点

新入社員が、上司の指導に逆ギレして「俺は自分のやり方でやる」と宣言する。強気というか、むちゃくちゃである。

かつて、本当にそんなプロ野球選手が実在した。ロッテ時代の落合博満だ。自チームの山内一弘監督からの打撃指導に対して、「自分の思い通りにやって打てなかったらクビで結構ですから。俺のことは放っておいてください」と1年目の新人が言ってのけたのである。

25歳の遅いプロ入り。**他人の言うことを聞いてダメなら後悔が残る。だったら、俺は俺のやり方でやるさ。**無名のオールドルーキーは、20代後半でレギュラーの座を掴み、やがて前人未到の3度の三冠王獲得で、日本人初の1億円プレーヤーに。いつからか、そのスタイルは〝オレ流〟と呼ばれるようになる。

我が道を行くオレ流調整は、時に首脳陣たちの不評を買った。それでも、四番で使われたのは落合の図抜けた実力と、アイツならなんとかしてくれるという一種の信頼があったからだ。プロ野球に限らず**仕事において、「好き嫌い」と「信頼」は別モノだ。**

仕事は恋愛じゃない。売上会議は合コンじゃないのだ（当たり前）。よく若い選手が一軍に入れないと、「監督は期待してると言ってくれていたのに……」なんて不貞腐れる選手がいる。落合は41歳の時に世に出した書籍の中で、そのスタンスについてこう警鐘を鳴らす。

「ふて腐れたら自分が損なんだ。認めてもらえないんだったら、認めてもらえるようにすりゃいいわけだよ。なのに、他人に責任転嫁しちゃう。何でアイツが一軍でオレが二軍なんだ、依怙贔屓じゃないのか、アイツはドラフト1位だからなのか、何か裏があるんじゃないのかと、そういう方に考えがいっちゃう。そうやって他人のせいにすれば、楽だよね。でも、そこでそいつはおしまいだよ」

（『激闘と挑戦　巨人軍・落合博満が闘った奇蹟の136試合』　小学館）

要は、オレの力が不足していただけじゃねえか。だから、もっと練習するしかない。いつの時代も、仕事とは他者に自分を認めさせる戦いでもある。選手時代は4球団を渡り歩き、通算2371安打、510本塁打の大打者。中日監督としても8年間で4度の優勝を勝ち取った名将。

その落合の輝かしいキャリアも戦いの歴史だった。

「あんな打ち方じゃプロでは通用しない」と指摘されるも己の打撃で跳ね返し、「年俸が高すぎる」なんて声には無数のタイトルを獲って黙らせた。いわば、〝**オレ流**〟**とは、球界の常識に対する反逆だった。**怒りと言ってもいい。

一種の怒りの力が、落合を超一流にまで引き上げたのだ。

汗と怒りと焦りの中で……

青春はハングリーで、アングリー。人生、なかなか理想通りにはいかないもんだ。就職活動でしくじって希望の会社に入れなかった。今、やりたい仕事ができていない。SNSで同世代の仕事自慢に妙な焦りを感じてしまう。そんな人も多いと思う。でも、先は長いっす。大学を中退しての社会人野球経由で、プロ生活のスタートが同世代のエリート選手より遅れた落合は、引退後の自著で「20代で足場を固め、30歳でレギュラーの座を手に入れ、40代まで第一線でプレーできたほうが幸せなのではないだろうか」（『采配』ダイヤモンド社）と書く。

ちなみに、自身は40歳でのFA移籍で巨人のユニフォームを着て3年間在籍。オレ流哲学では「トレードが人事異動ならば、フリー・エージェントはヘッド・ハンティング」。自分を高く買ってくれる球団でプレーするが、さらに能力のある人間が来れば、先に引っ張られた人間は切られると自らの置かれた〝外様〟の立場を冷静に捉えていた。

自由の裏には、リスクがついて回る。実際に96年オフに自分より若くポジションの被る清原和博のFA加入にともない退団、日本ハムへ移籍して2シーズンの現役晩年を過ごした。

新天地では、実績をひけらかしラクをするのではなく、マスコミに向けて積極的に発言して〝落合広報担当〟なんてニックネームで呼ばれた。黙っていても人が集まる巨人や中日とは違い、当時のパ・リーグは人気がなかった。

だからこそ、若い選手たちにはメディアに取り上げてもらうことで評判を高め、自信を持ってもらいたかったのだ。彼らとは球場の行き帰りや休憩時間に雑談を交わし、練習のヒントとなる話題をそれとなく入れるようにした。

そういう組織への貢献の仕方もある。どんな仕事もプレーヤーとしての絶頂期はせいぜい10年ほどだろう。したがって、それ以外の時間をどう生きるかが重要になってくる。**力が衰えた時、そこに人間性がむき出しになる**からだ。

さすがに元・三冠王と言えども、日本ハム時代は全盛期より大きく成績を落とした。40代で不振が続くと、周囲はすぐ年齢からくる限界などと騒ぎ立てる。オマエも衰えたな、昔はできたじゃないかと。

『勝負の方程式』（小学館）では批判に気持ちがふさぎ込み、ドーンと落ち込んで絶不調に陥るとマイナス思考に陥り、「心が、技術を食ってしまう」と表現する落合。そんな悪循環から脱出するためには、己の技術を信じるしかない。中年の壁にぶつかった時、**意外に20代の一見無駄に思えた下積み生活で磨いた技術が救いになることが多々ある。**汗と怒りと焦りの中で、積み重ねた時間は決して俺を裏切らない。

オレ流引き際の美学

誰だって歳は取る。体力は落ち、目はかすみ、気力も衰えてくる。現場は楽しいけど、ぼちぼちデスクワークの管理職かな……なんつってサラリーマンもこれからの決断を迫られるキャリアの曲がり角。

ぶっちぎり三冠王の85年には52本塁打を放った男も、44歳で迎えた98年のラストイヤーは、出場機会が激減してわずか2本塁打に終わっている。だが、プロ野球選手の人生は現役引退してからも続いていく。

落合は言う。「多少は不本意な形になったとしても、最後はきれいに終わった方がいい」と。98年シーズン終盤に落合は引退試合も華々しいセレモニーも行わず、12球団すべてのチームから本塁打を放ったことになる記録がかかっていたが、チーム最終戦の指名打者での先発出場打診も断り、代打で登場して内野ゴロに倒れる。大打者にしては静かな終わり方だ。

しかし、9月のある試合終了後、チームメイトにオレ流の別れを告げていた。ロッカールームにベンチ入りの全選手を集め、落合は慣れない優勝争いを戦う後輩たちにこう檄を飛ばすのだ。

「チームの雰囲気が良くないのは感じていると思うけど、どう考えたって優勝に一番近いのは我々だ。ひとつの負けくらいでジタバタせず、堂々と戦おう。三振しても胸を張って戻って来ればいい。ヒットを打ったら塁上で首を傾げ、相手投手を混乱させてやれ。俺は今年限りでこのチームからいなくなる。その後のことは考えていないが、若い連中はまだまだ先が長いんだから、優勝の経験は絶対プラスになる。だから、誰のためでもなく自分のために優勝しよう」（『野球人』　ベースボールマガジン社）

だが、悲願のリーグ優勝は逆転で西武にさらわれる。人生は時に儚く残酷だ。だけど、そこで終わりじゃない。明日はまたやってくる。

だからこそ、**契約はドライに、引き際はきれいに。**そして、自分のために働くのである。

生存
POINT

準備の20代、勝負の30代、決断の40代。

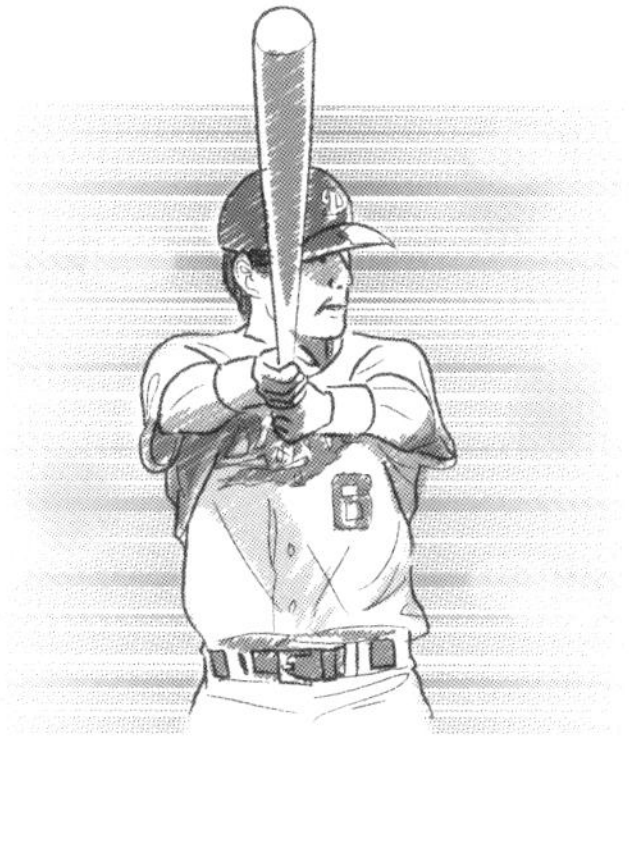

FILE #21

原 辰徳

現役晩年から学ぶ
「もう若くはない自分との付き合い方」

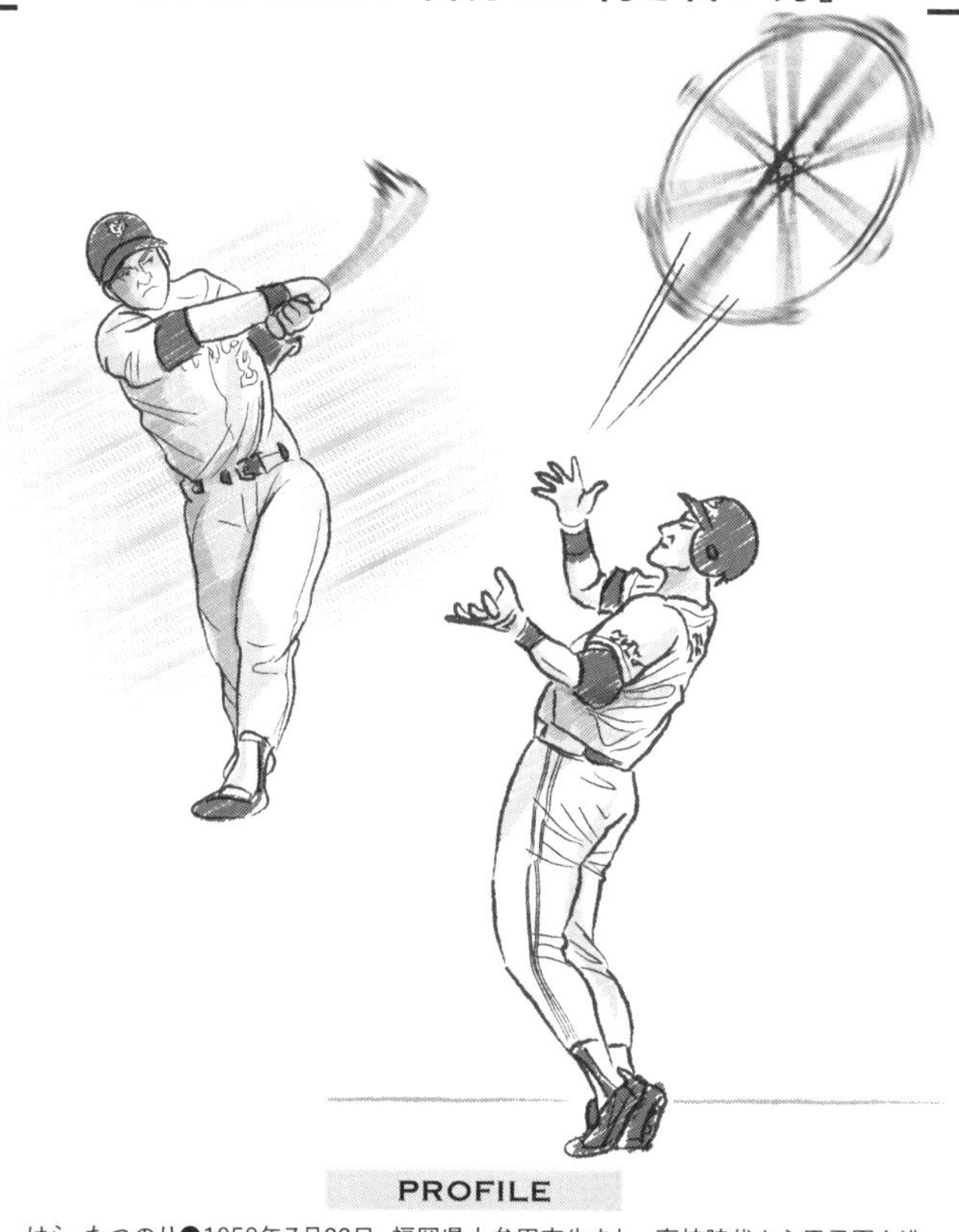

PROFILE

はら・たつのり●1958年7月22日、福岡県大牟田市生まれ。高校時代から甲子園を沸かせ、1980年にドラフト1位で読売ジャイアンツに入団。80〜90年代に巨人軍の中心選手として活躍。打撃タイトルも数多く獲得。指導者を経てから、監督に就任後は巨人軍を9度のリーグVに3度の日本一へ導くとともに、2009年に開催された第2回WBCでは日本代表の監督としても優勝を果たす。

ONと比較され続けた永遠の若大将

仕事でそれなりの結果を残しても、会社からほとんど評価されない。「ちくしょう！ やってられるか」なんつって居酒屋でヤケ酒を煽った経験は誰にでもあるだろう。上司には存在を軽く見られ、「前任者は良かった」的に理不尽に叱られたり、周囲から批判される。それどころか、バッシングは加熱して連日の社内メール炎上状態だ。

かつて、原辰徳はそういう状況で巨人の四番を張ってきた。

巨人監督として9度のリーグVに3度の日本一を成し遂げ、球団の監督勝利記録を更新した今の大御所タツノリの姿からは想像できないが、若かりし頃は常にマスコミから〝勝負弱い〟と非難され、偉大な長嶋・王と比較され〝四番失格〟と叩かれた。毎年のように打率3割・30本塁打前後の成績を残し、セ・リーグ80年代の通算ホームラン数トップにもかかわらず、常に逆風の中でプレーし続けたわけだ。

当時の野球ファンは、悲運のヒーロー原辰徳から人生に必要なことを学んだ。巨人ファンのリリー・フランキーが名著『おしゃれ野球批評』（DAI-X出版）の中で書いた傑作コラムでこんな描写がある。

たいした職もなくふらついていた若者が20代のある日、友人としみったれた定食屋に入る。無愛想なオヤジが今日も不味いトンカツを揚げている。そんな店の隅に置かれた油まみれのテレビから流れる野球中継。

終わっている空間、その空間が悲しいかな似合ってしまう自分。その時だ。突然、カウンターの中のオヤジが「うるるあぁぁぁっ！！　やったぁぁぁぁー！！」なんて雄叫びを上げる。身を乗り出して狂喜乱舞するオヤジ。油まみれのブラウン管の向こうでは、原辰徳がダイヤモンドをゆっくりと回っていた。逆転ホームランだったようだ。

なんて完璧なシーンなんだろう。これが70年代の王や長嶋ではちょっと違う気がする。90年代のゴジラ松井や天才由伸でもないと思う。しみったれた定食屋のテレビでさえない**男たちの心を揺さぶるのは、〝80年代の原辰徳〟が最もよく似合う。**チャンスでポップフライを打ち上げ、周囲からボロクソにディスられながらもぐっと堪えて、土壇場で劇的なホームランをかっ飛ばす。俺たちまだ終わってないのかもなぁ……。アイドルスマイルでCM出演していたイメージとは真逆で、あの頃の原はボンクラ野郎どもが**感情移入できる反逆のヒーロー**だったのである。

晩年のタツノリから学ぶ男の去り際

そんな原辰徳の90年代中盤を覚えているだろうか？　92年7月、神宮球場での伝説のバット投げホームラン以降の背番号8。年齢的に35歳を過ぎたあたりの93年から95年のタツノリは現役晩年の厳しい時期だった。

ドラフト会議で超高校級スラッガー松井秀喜が1位指名され、ＦＡ移籍で中日から大物の落合博満がやって来る。長嶋茂雄監督の興味はすでに自分にはなく、期待の新入社員や実績十分の転職組を中心に組織は変わろうとしていた。

いわば80年代は常に巨人の顔だった男が、徐々に主役の座から外れていく斜陽の季節。93年はプロ入り以来続けてきたシーズン20本塁打以上の記録も途絶え、初の規定打席未到達。迎えた崖っぷちの94年もオープン戦のアキレス腱部分断裂で開幕に間に合わず、5月末には背筋痛で戦列復帰が延びてしまう。

この年、自身最少の67試合の出場ながら落合と1本差の14本塁打を記録するが、9月7日の横浜戦では同点の場面で長嶋監督から「代打一茂」を送られ、9月28日の中日戦では送りバントを命じられた。そんなベンチのチームメイトですら「あんな扱いはない」と怒りを覚える状況でも、腹の中で屈辱を押し殺しながら男は耐えた。のちに『週刊現代』の「あれだけコケにされても巨人に残った理由」インタビューでは、当時のやるせない心境を吐露している。

「一茂を代打に出されたときはどうだったかって？　そりゃ悔しかったよ！『なにィ!?』『ふざけんな』って感じだったね。そういう気持ちを持ってないと、野球選手なんてやってられないんだよ」

（『週刊現代』95年2月18日号）

ラストイヤーの95年、満身創痍の37歳は先発出場すらほとんどなく、相変わらずチャンスで代打を送られる立場だったが、いつからか球場でその背中に誰よりも大きい声援が飛び交うようになる。ファンも背番号8がどんな扱いにも決して腐らず、ベンチに座って試合に臨むのを見ていたのだ。

今、自分があの頃のタツノリの年齢に差し掛かりふと思う。もしも、自分が窓際に追いやられ以前のように仕事ができなくなったら、背番号8と同じように振る舞えるだろうか……と。

野球選手でも**会社員でも、バリバリの現役プレーヤーとして最前線で戦える時間は長くはない。**俺もあなたもいつか年下の若手にポジションを譲る時が来る。

新人の頃、40代の先輩社員が恐ろしくおじさんに見えたが、気が付けば自分がその年齢を超えようとしている諸行無常。正直、年齢の物差しだけで見るなと腹が立つことだってある。

だからと言って、ベテランが不満や怒りを周囲にぶちまけ、若い連中をたぶらかせて派閥をつくったら、チームの雰囲気は途端に悪くなる。ボスからしたら、そんな〝**中年の反抗期**〟**が最も厄介**だ。だって、組織全体が腐るからね。

例えば、サラリーマンも転職希望を会社に伝えると、引き継ぎの関係で途中からメインの仕事から外されることも多々ある。「えっこれまで会社に貢献してきたのに最後コレ？」なんて思いがち。

でも、見る景色が変わると意外な発見があるかもしれない。自分の置かれた立場や年齢を受け入れ、次のステップへの準備期間と数ヶ月我慢するのも長い人生において無駄にはならないはずだ。そう、「夢の続きがあります」と引退試合で宣言して、指導者への道を歩む37歳の原辰徳のように。

みんな、衰えていく先輩の生き様を見ている。それはそのまま未来の己の姿だからだ。仕事をどうはじめるかなんて勢いでなんとでもなる。難しいのは、どう終わらせるかだ。史上最年少で野球殿堂入りを果たした松井秀喜は、現役晩年の原先輩に対してこんな思い出を語っている。

「引退される年（95年）は、心中穏やかではなかったと思いますけど、文句をひと言も言わず、じっとベンチに座って、グラウンドに声を出して、チームを応援しているんです。僕はまだまだ3年目の小僧でしたけれど、すごい人だなって思いました」

（『原辰徳―その素顔―』三修社）

生存POINT

誰だって歳は取る。〝中年の反抗期〟に陥らないようご注意を。その背中を誰かが見ているのだから。

おわりに

プロ野球は、日本社会の縮図である。

監督人事はまさに会社内の人間模様、組織の派閥争いそのものである。働き盛りの選手の人生を左右するＦＡ移籍は、会社員にとっての転職だ。永遠に僕らを悩ます、優先するのは企業のブランド力か、給料か、働く環境か問題。球団都合での突然のトレードは、会社からの時に理不尽な異動や転勤通知だろうか。

昭和の時代は、ひとつの会社で長く勤め上げる終身雇用が世間の常識だったが、いまや球界も会社を動くキャリアアップと同じように、複数の球団を渡り歩くことも珍しくなくなった。

サラリーマン時代、私は巨人の加藤健という控え捕手が好きだった。巨人から98

年ドラフト3位指名を受けるも、当時は逆指名ドラフト真っ只中。

同期入団の1位は上原浩治、2位は二岡智宏らアマ球界のスターたちが顔を揃え、17歳のはじめてのキャンプでは松井秀喜や高橋由伸といった先輩たちの存在感に圧倒された。

俺、クビになるかもな……。ジャイアンツの巨大戦力に危機感を覚えながらも、必死に食らいついたカトケンは2年目に一軍デビュー。さぁこれからという時に事件が起きる。ドラ1で中央大の阿部慎之助が入団してきたのである。

同じ捕手、年齢も2歳上の同世代。その打撃や守備を実際に目にするとレベルの違う逸材なのは明らかだった。阿部は1年目から不動のレギュラーに定着。そして、カトケンの「2番手人生」がはじまるわけだ。新人からベテランまで、毎年のように入ってくるライバルたち。巨人は第二捕手候補として多くの人材を獲得する。

06年開幕前には同学年で同じ右打ち捕手の實松一成が日本ハムから移籍してきた。

さすがに球団から、「競争して、負けたほうどちらかがクビだよ」なんて言われている気がしたとカトケンは自著で明かす。

生き残るために辿り着いた結論は、首脳陣が使いたいと思える〝商品〟、つまり「使いやすい選手」になること。年下の捕手が入団してきても、〝新商品〟はまずはお試しで使われるからと焦らず準備をする。

当時、カトケンはまだ20代である。アマ時代の栄光を捨てきれずに数年でチームを去って行く選手も多い中、自分の置かれた立場を受け入れベストを尽くす。これは本当に凄いことだと思う。

一般社会人でもそうだろう。就活の面接時は「将来はこの会社のエースに」なんて意気込んで入社するも、いざはじまると巨大な組織の中で揉まれて、酒を飲みながら上司のことを愚痴って転職や退職を考える。腐らず投げ出さず、その場で戦い続けることは難しい。

10数年前、会社帰りに連日のように東京ドームへ通った。ベンチに座って出番を待つ背番号40に、同じく社内で崖っぷちの立場の自分を投影して「頑張れカトケン、俺も頑張るから」なんつって拍手を送る。年に何度かのスタメンマスクの試合は、震えるような緊張感で球場の二階席から試合を見つめたものだ。

それは決して、他人事じゃなかった。プロ野球で展開されている出世レースや生存競争は、すべての社会人にとって普遍的なテーマでもある。もし、目の前の仕事に行き詰まった時には、ぜひ球場へ足を運んでみてほしい。

グラウンドであがき戦い、這い上がろうとしているあの選手は、誰かじゃない。あなた自身なのだから――。

2023年3月8日 WBC開幕直前の東京にて　中溝康隆

『おしゃれ野球批評』
DAI-X出版　2005年

『原辰徳 ―その素顔―』
今井美紀［著］　三修社　2009年

『松坂世代の無名の捕手が、
なぜ巨人軍で18年間も生き残れたのか』
加藤 健［著］　竹書房　2017年

『週刊文春』
文藝春秋

『Number』
文藝春秋

『週刊ベースボール』
ベースボール・マガジン社

『週刊現代』
講談社

『スポーツ報知』
報知新聞社

『スポーツニッポン』
スポーツニッポン新聞社

『東京スポーツ』
東京スポーツ新聞社

『西日本スポーツ』
西日本新聞社

『日本プロ野球偉人伝 vol.13(1997→99編)―球史を彩るスーパースターたちの伝説「横浜、熱狂の日本一時代」の78人』
ベースボール・マガジン社　2014年

『王の道』
飯田絵美[著]　メディアファクトリー　2009年

『ランディ・メッセンジャー～すべてはタイガースのために』
ランディ・メッセンジャー[著]　洋泉社　2018年

■第4章

『エリートの倒し方――天才じゃなくても世界一になれた僕の思考術50』
里崎智也[著]　飛鳥新社　2017年

『シンプル思考』
里崎智也[著]　集英社　2021年

『YouTube『里崎チャンネル』はなぜ当たったのか
再び1億円プレイヤーになるまでにしたこと全部』
里崎智也[著]　徳間書店　2022年

『笑顔の習慣34:仕事と趣味と僕と野球』
山本 昌[著]　内外出版社　2018年

『野球人』
落合博満[著]　ベースボールマガジン社　1998年

『勝負の方程式』
落合博満[著]　小学館　1994年

『激闘と挑戦―巨人軍・落合博満が闘った奇蹟の136試合』
落合博満[著]　小学館　1995年

『采配』
落合博満[著]　ダイヤモンド社　2011年

『地球のウラ側にもうひとつの違う野球があった』
ボブ・ホーナー［著］　安西達夫［翻訳］　日之出出版　1988年

『道ひらく、海わたる 大谷翔平の素顔』
佐々木 享［著］　扶桑社文庫　2020年

『育てる力』
栗山英樹［著］　小松成美［構成］　宝島社　2018年

■第3章

『うまくいかないときの心理術』
古田敦也［著］　PHP研究所　2016年

『証言 ノムさんの人間学
弱者が強者になるために教えられたこと』
古田敦也・宮本慎也・山﨑武司・赤星憲広［著］　宝島社　2020年

『成功をつかむ24時間の使い方』
小宮山 悟［著］　ぴあ　2010年

『最強チームは掛け算でつくる』
小宮山 悟［著］　ベストセラーズ　2016年

『令和の『一球入魂』球界屈指の頭脳派が愛する母校を再建』
小宮山 悟［著］　ベースボール・マガジン社　2021年

『古田の様』
金子達仁［著］　扶桑社　2008年

『城島健司 解体心書 猛虎の救世主・ジョーの思考と流儀』
繁昌良司［著］　光文社　2010年

『スーパーキャッチャー城島健司』
西松 宏［著］　学研プラス　2006年

『根本陸夫伝 プロ野球のすべてを知っていた男』
高橋安幸［著］　集英社　2018年

『「最高のチーム」の作り方』
栗山英樹［著］　ベストセラーズ　2016年

『撓まず、屈せず　挫折を力に変える方程式』
新井貴浩［著］　扶桑社　2017年

『赤い心』
新井貴浩［著］　KADOKAWA　2016年

■第2章

『キャプテンシー』
鳥谷 敬［著］　KADOKAWA　2016年

『明日、野球やめます 選択を正解に導くロジック』
鳥谷 敬［著］　集英社　2022年

『ラミ流―How to succeed and be positive』
アレックス・ラミレス［著］　中央公論新社　2009年

『CHANGE!（チェンジ！） 人とチームを強くする、ラミレス思考』
アレックス・ラミレス［著］　KADOKAWA　2018年

『プロ野球 最強の助っ人論』
中島国章［著］　講談社　2015年

『不動心』
松井秀喜［著］　新潮社　2007年

『信念を貫く』
松井秀喜［著］　新潮社　2010年

『谷繁流 キャッチャー思考
当たり前の積み重ねが確固たる自信を生む』
谷繁元信［著］　日本文芸社　2017年

『勝敗はバッテリーが8割　名捕手が選ぶ投手30人の投球術』
谷繁元信［著］　幻冬舎　2022年

［参考文献］

■第1章

『ナンバー2の男』
高津臣吾［著］　ぴあ　2004年

『一軍監督の仕事 育った彼らを勝たせたい』
高津臣吾［著］　光文社　2022年

『二軍監督の仕事 育てるためなら負けてもいい』
高津臣吾［著］　光文社　2018年

『最高のコーチは、教えない。』
吉井理人［著］　ディスカヴァー・トゥエンティワン　2018年

『吉井理人 コーチング論　教えないから若手が育つ』
吉井理人［著］　徳間書店　2018年

『スリルライフ』
新庄剛志［著］　マガジンハウス　2022年

『わいたこら。――人生を超ポジティブに生きる僕の方法』
新庄剛志［著］　学研プラス　2018年

『もう一度、プロ野球選手になる。』
新庄剛志［著］　ポプラ社　2020年

『ゆるキャラのすすめ。』
石井一久［著］　幻冬舎　2014年

『絶対、読んでもためにならない本―矢野通自伝』
矢野 通［著］　ベースボール・マガジン社　2016年

『育てる力』
栗山英樹［著］　小松成美［構成］　宝島社　2018年

『栗山ノート』
栗山英樹［著］　光文社　2019年

本書は、2017年12月～2019年2月に「exciteニュース」と「SPICE」にて連載した「プロ野球から学ぶ社会人サバイバル術」を加筆・修正、書き下ろしを加えて改題したものである。

カバーイラスト：師岡とおる

ブックデザイン：金井久幸（TwoThree）

本文イラスト：齋藤 稔（G-RAM.INC）

DTP：安井智弘

［著者略歴］
中溝康隆（なかみぞ・やすたか）

1979年埼玉県生まれ。大阪芸術大学映像学科卒。ライター兼デザイナー。

2010年より開設したブログ『プロ野球死亡遊戯』が人気を博し、プロ野球ファンのみならず、現役選手の間でも話題になる。『週刊ベースボールONLINE』『Number Web』などのコラム連載の執筆も手掛ける。

主な著書に『プロ野球死亡遊戯』（文春文庫）、『現役引退――プロ野球名選手「最後の1年」』（新潮新書）、『プロ野球 助っ人ベストヒット50 地上波テレビの野球中継で観ていた「愛しの外国人選手たち」』（ベースボール・マガジン社）、『キヨハラに会いたくて 限りなく透明に近いライオンズブルー』（白夜書房）などがある。

プロ野球《やきゅう》から学《まな》ぶ
リーダーの生存戦略《せいぞんせんりゃく》

2023年4月1日　初版発行

著　者　中溝康隆

発行者　小早川幸一郎

発　行　株式会社クロスメディア・パブリッシング
〒151-0051 東京都渋谷区千駄ヶ谷4-20-3 東栄神宮外苑ビル
https://www.cm-publishing.co.jp
◎本の内容に関するお問い合わせ先：TEL（03）5413-3140／FAX（03）5413-3141

発　売　株式会社インプレス
〒101-0051 東京都千代田区神田神保町一丁目105番地
◎乱丁本・落丁本などのお問い合わせ先：FAX（03）6837-5023
service@impress.co.jp
※古書店で購入されたものについてはお取り替えできません

印刷・製本　中央精版印刷株式会社

©2023 Yasutaka Nakamizo, Printed in Japan　ISBN978-4-295-40812-3　C2034